Femmes fatales

Elf Annäherungen

Buch

Die Menschenkennerin Djuna Barnes interviewt das meistbegehrte
Modell von Montparnasse: Kiki, während die Tagebuchschreiberin
Anaïs Nin »die schönste Frau der Welt« erobert: June Miller. Der
Essayist Jean Améry entkräftet das Wunder an Vollweiblichkeit:
Rita Hayworth, während die Post-Surrealistin Unda Hörner Gala
Dalí gegen Neider beiderlei Geschlechts verteidigt.
Diese und sieben weitere Texte versuchen Charme und Intellekt der
femmes fatales unseres Jahrhunderts zu ergründen.

Außer *Femmes fatales* erscheinen in einer Serie zur Jahrtausend-
wende fünf weitere Anthologien über faszinierende Frauen:
*Vordenkerinnen, Starke Frauen, Rebellinnen, Kultfrauen, Frauen
des Jahrhunderts.*

Anthologien im Goldmann Verlag
Eine Auswahl

Das große Böse-Mädchen-Lesebuch
Kathy Lette, Simone Borowiak, Binnie Kirschenbaum,
Doris Dörrie u. v. a.
(43689)

Das große Frauenlesebuch IV
Willa Cather, Colette, Katherine Mansfield, Sylvia Plath,
Virginia Woolf u. v. a.
(42615)

Freundinnen
Ein Frauenlesebuch
Margaret Atwood, Ingeborg Bachmann, Gioconda Belli,
Sandra Cisneros, Helen Gardner u. v. a.
(42959)

Töchter und Mütter
Ein Frauenlesebuch
Fabienne Pakleppa, Djuna Barnes, Susan Power,
Annette Meyhöfer, Asta Scheib
(43558)

Femmes fatales

Elf Annäherungen

Herausgegeben
von Ines Böhner

GOLDMANN

Die vorliegende Ausgabe basiert auf der 1996
unter demselben Titel erschienenen Originalausgabe
in der Reihe »Frei und Frau« im Bollmann Verlag.

Umwelthinweis:
Alle bedruckten Materialien dieses Taschenbuches
sind chlorfrei und umweltschonend.

Genehmigte Taschenbuchausgabe Juni 1999
Copyright © der Originalausgabe 1996
by Bollmann Verlag GmbH
Copyright © dieser Ausgabe 1999
by Wilhelm Goldmann Verlag, München,
in der Verlagsgruppe Bertelsmann GmbH
Umschlaggestaltung: Design Team München
Umschlagmotiv: Gustav Klimt
Satz: Stefan Bollmann
Druck: Presse-Druck Augsburg
Verlagsnummer: 44330
FB · Herstellung: Sebastian Strohmaier
Made in Germany
ISBN 3-442-44330-X

1 3 5 7 9 10 8 6 4 2

INHALT

Carmen Butta
Mata Hari

Obwohl bereits während des ersten Weltkriegs zum Opfer der allgemeinen Kriegshysterie und ihrer eigenen Ausschmückungen geworden, ist ihr Kultstatus bis heute ungebrochen. Das mag nicht zuletzt daran liegen, daß ihr Agieren als Spionin nach wie vor in Frage gestellt wird. Ihre eigentliche Karriere war die einer Tänzerin, mit der sie in Paris zu einer gefeierten Modeerscheinung wurde. Carmen Butta hat in ihrem Portrait über Mata Hari die Fakten ihres Lebens zusammengetragen. Was daran Dichtung, was Wahrheit ist, vermag wohl keiner mehr zu sagen.

AM 16. OKTOBER 1917 wurde in Paris eine Frau wegen Spionage hingerichtet, eines der spektakulärsten Opfer, die Frankreich brauchte, um seine Niederlage zu kompensieren. Sie nannte sich »Mata Hari« und war die magische, verführerische Tänzerin, die Salons und Bühnen ganz Europas zu Anfang dieses Jahrhunderts fasziniert hatte. Nach einem Auftritt im Pariser Musée Guimet, wo sie brahmanische Tänze vorführte, wurde Mata Hari in erster Linie wegen ihrer geheimnisvollen, exotischen Aura berühmt. Alle

glaubten, sie sei eine Prinzessin aus der heiligen Stadt
Jaffnapatam, die im Tempel Karda Swami erzogen wurde
und in die religiösen Tänze eingeweiht war. Keiner ahnte,
daß sie aus einem verschlafenen, kleinbürgerlichen holländischen Provinznest stammte. 1876 als Margaretha Geer-
truida Zelle geboren, floh sie schon mit neunzehn Jahren
und heiratete Rudolph Macleod, einen Offizier der Kolo-
nialarmee. Ein Jahr später zog sie mit ihm nach Ostindien.
Nach der ersten Euphorie, die die Sinnlichkeit von Java in
ihr weckte, wurde dieses Paradies schon bald eine er-
stickende Glasglocke: ein kleines, von den Konventionen
des Mutterlandes noch stark geprägtes Kolonialuniversum,
in dem sie brav die Rolle der Mutter und der Ehefrau eines
verbitterten, despotischen, eifersüchtigen Alkoholikers hätte
spielen sollen. Innerhalb kürzester Zeit bekam sie in den
holländischen Kreisen den Ruf einer »suspekten«, gefährli-
chen Rebellin, die ihren Ehemann und ihre zwei Kinder
vernachlässigte, die die förmlichen Rituale des Kolonial-
lebens nicht respektierte und die vor allem ihre Kontakte
zu den Javanern nicht auf das übliche Minimum be-
schränkte.

Aufgrund der damals geführten imperialistischen Politik
verstärkten sich die sozialen Konflikte zwischen Hollän-
dern und Indonesiern. In diesem Klima geschah etwas
Furchtbares: Ihre beiden Kinder wurden auf mysteriöse
Weise vergiftet, ihr kleiner Sohn Norman starb. Danach
verschlechterte sich die Beziehung zwischen Margaretha
und ihrem Mann, der sie als »Dirne« beschimpfte. 1902
beschlossen die beiden, nach Holland zurückzukehren. Zu
dem Zeitpunkt war Margaretha nur von einer Idee besess-
sen: sich von diesem Mann zu befreien, der sie immer mehr

Mata Hari

terrorisierte und ihre Vitalität aussaugte. Sie beantragte die gesetzliche Trennung von ihrem Mann und die Vormundschaft für ihre Tochter. Erstaunlicherweise gab das Gericht ihrem Antrag statt. Trotzdem mußten ihre mutigen Pläne für eine unabhängige Existenz mit ihrer Tochter Jeanne-Louise scheitern: Rudolph Macleod weigerte sich, ihr den Unterhalt zu zahlen und diffamierte sie in aller Öffentlichkeit als »grausame Frau und Mutter«. Diese Vorwürfe fielen in der puritanischen Mentalität jener Zeit auf fruchtbaren Boden. Margaretha wurde gezwungen, ihre Tochter dem Vater zu überlassen, und ganz auf sich allein gestellt, beschloß sie 1903, nach Paris zu ziehen, in die kosmopolitische, offene Weltstadt, dem geistigen Mekka der Künstler und Zentrum der Mondänität.

SIE BRACH ALLE BRÜCKEN hinter sich ab und arbeitete zunächst bei Monsieur Molier, dem Besitzer einer bekannten Reitschule in der Rue Benouville in Paris.

»Den Umgang mit Pferden hatte sie in Ostindien gelernt. Monsieur Molier war der Meinung, daß man mit einem Körper wie dem ihren beim Tanzen mehr Erfolg haben müßte als bei der Arbeit mit den Pferden.

Aber wie sollte sie tanzen? Außer den Walzern und Quadrillen, die in den ostindischen Klubs getanzt wurden, und den Tanzstunden ihrer Mädchenzeit im fernen Leeuwarden hatte Margaretha keinerlei Erfahrung. Während des Ersten Weltkrieges vertraute sie einmal einem ihrer Freunde in Den Haag, dem holländischen Maler Piet van der Hem, der mir die Geschichte erzählte, an: ›Ich habe nie gut getanzt. Daß die Menschen kamen, um mich zu sehen, verdanke ich

nur der Tatsache, daß ich es als erste wagte, mich unbe-
kleidet der Öffentlichkeit zu präsentieren.‹

Margaretha wußte inzwischen nur zu gut, daß sie schön
war, oder wenigstens anziehend. Sie sprach ziemlich gut
Malaiisch und hatte auf Java und Sumatra die Tänze der
Eingeborenen gesehen. Doch damit erschöpften sich ihre
Fähigkeiten. Die von ihr selbst erzählten – und von ande-
ren bereitwillig wiederholten – Geschichten, daß sie in den
buddhistischen Tempeln des Fernen Ostens in die heiligen
Tänze eingeweiht worden sei, sind blühender Unsinn.
Margaretha war zwar ein Niemand, aber sie war schlau. Sie
wagte einen hohen Einsatz – und sie gewann.«

Ihr Kapital war die Schönheit. Ihre Waffe die Verführung.
Sie hätte sich keinen günstigeren Zeitpunkt aussuchen
können: Zu der Zeit herrschte in Paris ein unglaublicher
Enthusiasmus für alles, was exotisch war, und besonders für
die orientalische Kultur, die überall durch monumentale
Ausstellungen, Musik- und Tanzvorführungen und literarische Werke gefeiert wurde. Margaretha, inzwischen »Kurtisane« im sogenannten »Demi-Monde«, knüpfte an diese
Mode an und improvisierte als Tempeltänzerin eine Symbiose von religiösen und profanen Elementen des Hinduis-
mus. Bald wurde sie in den übersättigten, exklusiven Salons
von Paris, wo man sich mit Wein und Drogen betäubte, die
große Sensation. In einer orgiastischen, schwer parfümier-
ten und gedämpften Atmosphäre von Erotik und Magie
präsentierte sie »sakrale orientalische Kunst«.

»Eine große dunkle Gestalt schwebte herein. Ihre Arme
waren auf der Brust unter einem Blumenmeer verschränkt.
So stand sie einige Sekunden regungslos und starrte wie
gebannt auf eine Statue Shivas am Ende des Raumes … Sie

trug ein durchsichtiges weißes Gewand, und eine sonderbare Spange hielt das Tuch um ihre Hüften zusammen ... Mit langsamen, wiegenden, tigergleichen Bewegungen bat sie inständig den Geist des Bösen, ihr dabei zu helfen, ein Unrecht zu rächen. Die Bewegungen wurden immer heftiger, fieberhafter und hingebungsvoller. Zunächst warf sie die Blumen weg; dann entledigte sie sich nacheinander aller Schleier, womit sie andeuten wollte, daß sie ihm Schönheit, Tugend und Liebe opferte, und schließlich löste sie, im Zustand der Verzückung angelangt, ihren Gürtel und fiel ohnmächtig zu Shivas Füßen nieder ...«

DIE LEGENDE WAR GEBOREN. Mata Hari (im Malaiischen »Auge des Tages«), die verwirrende, erotische Tempeltänzerin, die Femme fatale, die Diva, vom europäischen Publikum mit Applaus verwöhnt, von vielen reichen, mächtigen Liebhabern vergöttert. Ausschweifend lebte sie im Luxus bis 1913, dem Jahr, in dem ihr Ruhm Risse bekam und sie nicht mehr die gefeierte Göttin der Pariser Tanzszene war. Sie zog nach Berlin, wo man sie mit offenen Armen empfing, wurde Liebhaberin wichtiger Politiker und ließ sich, als der Krieg ausbrach, als Agentin H21 mit dem deutschen Geheimdienst ein. Ihre Entscheidung war wohl weniger politisch motiviert. Sie entstand aus einer diffusen, romantischen Sehnsucht nach starken Emotionen und Abenteuern, aber vor allem aus dem Bedürfnis, auch in Kriegszeiten ihren luxuriösen Lebensstil nicht aufgeben zu müssen.

Sicherlich hat ihre Erschießung dazu beigetragen, daß sie eine Legende wurde.

Mata Hari: Im Grunde eine materialisierte Figur der männlichen Imagination. Durch ihre exotische Ausstrahlung bietet sich Mata Hari perfekt an, ein Symbol der »Schlangenfrau« zu sein, die die dämonischen Kräfte des Bösen und der Sünde in die Welt bringt und sich die Männer einverleibt: Eine elegante Hure, eine Männermörderin, die in ihren Opfern Bewunderung und gleichzeitig Furcht erweckt.

Mata Hari ist die Personifizierung der Liebhaberin, die bei den Männern Wunden schlägt, die von den entsexualisierten Müttern und Ehefrauen verbunden werden. Hinsichtlich der Bewertung der Frau und des Ehebruchs, die um 1900 herrschte und die die Unvereinbarkeit von Erotik und Liebe deklarierte, verkörpert sie den bedrohlichen Frauentyp, die machtvolle und grausame Frau, deren magischen Kräften der Mann ausgeliefert ist. Parallel zu den atavistischen Ängsten, gefressen zu werden und sich zu verlieren, repräsentiert sie die Herausforderung zu einem fesselnden, kriegerischen und doch spielerischen Kampf: der Kampf mit der Dämonin, dem gierigen, reißenden Tier. Der Kampf mit der Hure, die die Illusion erweckt, durch das Geld sich ergeben zu haben und besiegt worden zu sein, tatsächlich jedoch unerreichbar geblieben ist.

Kaum eine andere Frau beschäftigte die (männlichen) Phantasien so sehr wie Mata Hari: die Quintessenz der Weiblichkeit und Leidenschaft; die Rebellin und Romantikerin, die das abenteuerliche Leben liebte und die Mittelmäßigkeit verabscheute; die skrupellose Täterin und Intrigantin; die exotische Spionin, die raffinierte Frau, die noch im Gefängnis tanzte.

SELBST IHRE HINRICHTUNG verklärten »phantasie-
volle« Schreiberlinge zur Inszenierung: Mata Hari – elegant
gekleidet – soll den Soldaten des Exekutionskommandos
noch einen Kuß zugeworfen haben.

Tatsächlich hoffte Mata Hari bis zuletzt, ihre Unschuld
beweisen zu können. In den achtzehn Nächten, die zwischen der Ablehnung durch das Berufungsgericht und der
Hinrichtung lagen, fand sie kaum Schlaf.

»Am Sonntag, dem Vierzehnten, um sechs Uhr abends,
erhielt Major Massard vom Armeehauptquartier in Paris
seine Kopie des Hinrichtungsbefehls. Als Dr. Bizard an
jenem Abend über den Befehl informiert wurde, beschloß
er, in Begleitung von Schwester Leonide einen Besuch in
Mata Haris Zelle zu machen. Sie sprachen über lauter
belanglose Dinge. Die Schwester fragte Mata Hari, ›wie sie
eigentlich getanzt habe‹. Mata Hari machte ein paar
Schritte. Im Laufe der Jahre wurde aus diesen Schritten in
zahllosen Berichten ein exaltierter Nackttanz.«

Am Montagmorgen führte Schwester Leonide die Herren
(Protokollführer des Kriegsgerichts, Militärarzt, Staatsan-
walt) zur Zelle Nr. 12.

»Erst jetzt teilte man ihr mit, daß das Gnadengesuch abge-
lehnt worden war. Nach einem Augenblick der Stille wiederholte Mata Hari noch einmal jene Worte, die sie auch
gesprochen hatte, als fast drei Monate vorher das Urteil
erging: ›Das ist unmöglich! Das ist unmöglich!‹

Laut Dr. Bizard war es Mata Hari, die Schwester Leonide
tröstete: ›Keine Angst, Schwester – ich werde zu sterben
wissen.‹

Während sie auf dem Bett saß und ihre Strümpfe anzog
(auch dies ist eine Beschreibung Dr. Bizards), sah man viel

von ihren Beinen. Schwester Leonide machte Anstalten, sie zu bedecken. Selbst unter diesen Umständen bewies Mata Hari Geistesgegenwart. ›Lassen Sie nur, Schwester. Dies ist nicht der Moment, um prüde zu sein.‹

Der Arzt bot ihr Riechsalz an. ›Danke, Doktor‹, sagte sie. ›Sie sehen, ich brauche es nicht.‹«

In Begleitung der Wache wurde Mata Hari zu dem Polygon von Vincennes, einem riesigen Manöverplatz, gefahren, wo »wenigstens hundert Menschen, Zivilisten und Militär« auf die Hinrichtung warteten.

»Mata Hari weigerte sich, an den Pfahl gebunden zu werden. So wurde ihr der Strick nur lose um die Taille geschlungen. Sie wollte auch die Augen nicht bedeckt haben. Der beauftragte Offizier hob das Schwert.

In die tödliche Stille des frühen Morgens peitschten zwölf Gewehrschüsse.

Leutnant Choulot, aide-major première classe, ein Militärarzt, schritt zum Pfahl, um dem leblosen Körper den Gnadenstoß zu versetzen. Dr. Robillard vom Bégin-Militärhospital in Paris prüfte noch einmal zur Sicherheit nach.

Es war sechs Uhr fünfzehn. Vier Minuten früher, um sechs Uhr elf, war die Sonne aufgegangen. Mata Hari, das ›Auge des Tages‹, war tot.«

Ob Mata Hari überhaupt eine Spionin gewesen ist, konnte nie bewiesen werden.

Anaïs Nin
June Miller

Alfred Perlès schildert June Miller aus persönlicher Bekanntschaft als den Typus der Femme fatale. Sie sei schön, temperamentvoll und exzentrisch gewesen. Das machte sie nicht nur für Männer anziehend. Anaïs Nin erzählt hier von ihrer ersten Begegnung mit ihr.

EIN ERSCHRECKEND WEISSES GESICHT, brennende Augen. June Mansfield, Henrys Frau. Als sie aus der Dunkelheit meines Gartens auf mich ins Licht der Haustür zukam, sah ich zum erstenmal die schönste Frau der Welt. Als ich vor Jahren einmal versuchte, mir wahre Schönheit vorzustellen, schuf ich in meiner Phantasie genau diese Frau. Ich hatte mir sogar vorgestellt, daß sie eine Jüdin sei. Die Tönung ihrer Haut, ihr Profil, ihre Zähne, ich kannte alles schon seit langer Zeit.

Ihre Schönheit überwältigte mich. Als ich ihr gegenübersaß, hatte ich das Gefühl, alles, auch das Verrückteste, für sie tun zu können, alles, worum sie mich bat. Henry verblaßte. Sie war Farbe, Glanz, Fremdartigkeit.

Sie ist ganz mit ihrer Rolle im Leben beschäftigt. Ich kenne den Grund: Ihre Schönheit bringt ihr Dramen und Er-

lebnisse. Gedanken bedeuten wenig. Ich sah in ihr die Kari-
katur einer theatralischen und dramatischen Figur. Kostüme, Posen, Sprechweise. Sie ist eine hervorragende Schauspielerin. Nicht mehr. Zu ihrem Kern vermochte ich nicht
vorzudringen. Alles, was Henry über sie gesagt hatte, traf
zu.

Am Schluß des Abends fühlte ich mich wie ein Mann:
wahnsinnig verliebt in ihr Gesicht und ihren Körper, die so
vieles verhießen, und ich haßte die Person, die andere in
ihr schufen. Andere fühlen, weil es sie gibt; andere schreiben Gedichte, weil es sie gibt; andere hassen, weil es sie
gibt; und andere, wie Henry, lieben sie gegen den eigenen
Willen.

June. In der Nacht träumte ich von ihr, als wäre sie sehr
klein, sehr zart, und ich liebte sie. Ich liebte eine Kleinheit,
die ich in ihren Worten entdeckt hatte: den übertriebenen
Stolz, einen verletzten Stolz. Ihr fehlt der Kern der Sicherheit, sie giert unersättlich nach Bewunderung. Sie lebt von
ihren Spiegelbildern in den Augen anderer. Sie wagt nicht,
sie selbst zu sein. Es gibt keine June Mansfield. Das weiß
sie. Je mehr sie geliebt wird, desto sicherer weiß sie es. Sie
weiß, daß es eine wunderschöne Frau gibt, die gestern
abend meine Unerfahrenheit zum Anlaß nahm, die Tiefe
ihres Wissens zu vergessen.

Ein erschreckend weißes Gesicht, das ins Dunkel des Gartens zurückweicht. Als sie fortgeht, posiert sie für mich. Ich
möchte hinauslaufen und ihre phantastische Schönheit
küssen, sie küssen und sagen: »Du nimmst ein Spiegelbild
von mir mit, einen Teil von mir. Ich habe dich erträumt, ich
habe deine Existenz herbeigewünscht. Du wirst ewig Teil
meines Lebens sein. Wenn ich dich liebe, dann muß das so

June Miller

sein, weil wir einmal dieselben Phantasien, denselben Wahnsinn, dieselbe Bühne geteilt haben.

Die einzige Kraft, die dich zusammenhält, ist deine Liebe zu Henry, und darum liebst du ihn. Er tut dir weh, aber er hält deinen Leib und deine Seele zusammen. Er integriert dich. Er geißelt und peitscht dich in eine sporadische Ganzheit. Ich habe Hugo.«

ICH WOLLTE SIE WIEDERSEHEN. Ich dachte, Hugo würde sie lieben. Es erschien mir so selbstverständlich, daß jeder sie liebte. Ich sprach mit Hugo über sie. Und empfand keine Eifersucht.

Als sie wieder aus der Dunkelheit kam, schien sie für mich noch schöner zu sein als zuvor. Außerdem schien sie aufrichtiger zu sein. Ich sagte mir: »Bei Hugo sind die Menschen immer aufrichtiger.« Überdies dachte ich, das komme daher, daß sie unbefangener war. Was Hugo dachte, vermochte ich nicht zu sagen. Sie ging in unser Schlafzimmer hinauf, um ihren Mantel abzulegen. Sekundenlang blieb sie mitten auf der Treppe stehen, wo das Licht sie von der türkisgrünen Wand abhob. Blondes Haar, bleiches Gesicht, dämonisch spitz zulaufende Augenbrauen, ein grausames Lächeln mit einem entwaffnenden Grübchen. Heimtückisch, unendlich begehrenswert, zog sie mich zu sich wie zum Tod.

Unten verbündeten sich Henry und June. Sie erzählten uns von ihren Auseinandersetzungen, Zusammenbrüchen, Zwistigkeiten. Hugo, dem heftige Gefühle stets Unbehagen bereiten, versuchte die scharfen Kanten durch Lachen zu glätten, die Dissonanzen, das Häßliche, das Angsteinflössende zu mildern, ihren Geheimnissen das Lastende zu nehmen. Verbindlich und vernünftig wie ein Franzose löste er jede Möglichkeit eines Dramas auf. Es hätte zu einer sehr heftigen, unmenschlichen, schrecklichen Szene zwischen June und Henry kommen können, doch Hugo ersparte uns diese Erfahrung.

Später machte ich ihm klar, er habe uns alle am Leben gehindert, er habe bewirkt, daß ein lebensvoller Augenblick an uns vorübergegangen sei. Ich schämte mich über seinen Optimismus, seinen Versuch, die Dinge zu beschönigen. Er begriff. Er versprach mir, daran zu denken. Ohne mich würde er durch seinen gewohnten Konventionalismus völlig ausgeschlossen bleiben.

Wir verbrachten ein fröhliches Abendessen zusammen. Dann gingen wir ins Grand Guignol. Im Wagen saßen June und ich nebeneinander und plauderten einträchtig.

»Als Henry dich mir beschrieb«, sagte sie, »hat er die wichtigsten Dinge ausgelassen. Er hat dich überhaupt nicht getroffen.« Das erkannte sie sofort; sie und ich, wir hatten einander auf Anhieb verstanden, in jeder Einzelheit und jeder Nuance.

Im Theater. Wie schwierig ist es, Henry zu bemerken, während sie dasitzt, strahlend und mit maskenhaftem Gesicht. Pause. Sie und ich, wir wollen rauchen, Henry und Hugo dagegen nicht. Welch ein Aufsehen, als wir zusammen hinausgehen! Ich sage zu ihr: »Du bist die einzige Frau, die den Ansprüchen meiner Phantasie gerecht wird.« Sie antwortet: »Wie gut, daß ich bald fortgehe. Du würdest mich sehr schnell demaskieren. Einer Frau gegenüber bin ich machtlos. Ich weiß nicht, wie man mit Frauen umgeht.«

SPRICHT SIE DIE WAHRHEIT? Nein. Im Wagen hat
sie mir von ihrer Freundin Jean erzählt, der Bildhauerin
und Dichterin. »Jean hatte ein wunderschönes Gesicht.«
Und dann setzt sie hastig hinzu: »Ich spreche nicht von
einer normalen Frau. Jeans Gesicht, ihre Schönheit waren
eher die eines Mannes.« Sie hält inne. »Jeans Hände waren
so schön, so ungeheuer geschmeidig, weil sie soviel mit Ton
umging. Die Fingerspitzen liefen schmal zu.« Warum ärgert
es mich, daß June Jeans Hände lobt? Eifersucht? Und dann
ihre Behauptung, ihr Leben sei von Männern beherrscht
gewesen, sie wisse nicht, wie man mit Frauen umgeht.
Lügnerin!
Sie musterte mich aufmerksam und sagt: »Ich dachte, deine
Augen seien blau. Sie sind seltsam und schön, grau und gol-
den unter den langen, schwarzen Wimpern. Du bist die gra-
ziöseste Frau, die ich jemals gesehen habe. Du schreitest
nicht – du gleitest.« Wir sprechen über die Farben, die wir
lieben. Sie trägt immer nur Schwarz und Purpurrot.
Wir kehren an unsere Plätze zurück. Sie wendet sich ständig an mich statt an Hugo. Als wir das Theater verlassen,
nehme ich ihren Arm. Dann legt sie ihre Hand auf die
meine; wir verschränken unsere Hände. Sie sagt: »Neulich
abends in Montparnasse tat es mir weh, deinen Namen zu
hören. Ich möchte nicht, daß sich billige Männer in dein
Leben stehlen. Ich möchte dich… beschützen.«
Im Café sehe ich Asche unter der Haut ihres Gesichts. Auflösung. Mich überfällt eine schreckliche Angst. Ich möchte
sie in meine Arme schließen. Ich spüre, wie sie sich in den
Tod zurückzieht, und bin bereit, ihr in den Tod zu folgen,
sie zu umarmen. Sie stirbt vor meinen Augen. Ihre quälen-
de, strenge Schönheit stirbt. Ihre seltsame, männliche Kraft.

Ich finde keinen Sinn in ihren Worten. Ich bin fasziniert von ihren Augen und ihrem Mund, ihrem schlecht ge-schminkten, verfärbten Mund. Weiß sie, daß ich das Gefühl habe, bewegungsunfähig, gelähmt zu sein, völlig in ihr ver-loren?

Sie erschauert vor Kälte unter ihrem Umhang. »Würdest du mit mir zu Mittag essen, bevor du abreist?« frage ich sie.

Sie ist froh, daß sie abreist. Henry liebt sie nur unvollkom-men und brutal. Er verletzt ihren Stolz, weil er das Gegen-teil von ihr begehrt: häßliche, gewöhnliche, passive Frauen. Er kann ihre positive Lebenseinstellung nicht ertragen, ihre Kraft. Ich hasse Henry jetzt aus tiefstem Herzen. Ich hasse Männer, die sich vor der Stärke der Frauen fürchten. Vermutlich hat Jean ihre Stärke, ihre destruktive Kraft geliebt. Denn June ist Zerstörung.

MEINE STÄRKE IST – wie Hugo mir später erklärt, als ich entdecke, daß er June haßt – weich, indirekt, behutsam, andeutend, kreativ, zärtlich, weiblich. Ihre ist wie die eines Mannes. Hugo sagt, sie hat einen männlichen Hals, eine männliche Stimme und grobe Hände. Ob ich das nicht merke? Nein, ich merke es nicht, und wenn ich es merke, ist es mir gleichgültig. Hugo gibt zu, daß er eifersüchtig ist. Sie haben sich vom ersten Augenblick an gehaßt.

»Glaubt sie, daß sie mit ihrer weiblichen Einfühlsamkeit und Feinsinnigkeit irgend etwas an dir lieben kann, das ich nicht bereits liebe?«

Es stimmt. Hugo ist unendlich zärtlich zu mir, doch wäh-rend er über June spricht, denke ich an unsere verschränk-ten Hände. Sie berührt nicht dasselbe sexuelle Zentrum meines Wesens, das die Männer berühren; das erreicht sie nicht. Doch was in mir berührt sie denn? Ich habe sie begehrt, als sei ich ein Mann, aber ich habe mir auch gewünscht, sie mit den Augen, den Händen, den Sinnen zu lieben, die nur allein die Frauen besitzen. Es ist eine sanfte, behutsame Penetration.

Ich hasse Henry, weil er es wagt, ihren ungeheuren und oberflächlichen Stolz auf sich selbst zu verletzen. Junes Überlegenheit weckt seinen Haß, ja sogar den Wunsch nach Rache. Er mustert mein liebenswürdiges, reizloses Dienstmädchen Emilia. Seine Beleidigung bewirkt, daß ich June liebe.

Ich liebe sie für all das, was sie zu sein wagt, für ihre Härte, ihre Grausamkeit, ihren Egoismus, ihre Perversität, ihre dämonische Zerstörungskraft. Ohne Zögern würde sie mich zu Asche zermalmen. Sie ist eine bis an die äußerste Grenze vollendete Persönlichkeit. Ich bewundere ihren Mut zu verletzen und bin bereit, diesem Mut geopfert zu werden. Sie wird die Summe meines Selbst dem ihren zufügen. Sie wird June sein: plus allem, was in mir ist.

Susan Edminston
Anaïs Nin

Die Tagebücher der Anïs Nin wurden schon bald nach ihrer Veröffentlichung als die wichtigste »Confessio« unseres Jahrhunderts gehandelt und machten ihre Verfasserin zu einer Kultfrau. Über ihren Charakter als Zeitdokument hinaus sind sie das Selbstportrait einer romantischen Träumerin, die sich in allen ihren Rollen selbst bespiegelt und dabei zeit ihres Lebens »sensibel für jede Form der Liebe blieb«. Susan Edminston schildert ihre Begegnung mit der Schriftstellerin.

AUFRECHT SITZT SIE in ihrem Sessel, die Hände in ihrem Schoß gefaltet – wie ein wohlerzogenes Kind. Die Beine einer Zwanzigjährigen sind in Knöchelhöhe übereinandergeschlagen. Nichts hatte mich auf sie vorbereitet – weder Fotografien von ihr noch Berichte von Schriftstellern und Journalisten, die sie kurze Zeit zuvor gesehen hatten. Was Größe und Statur anbelangt, ist Anaïs Nin dieselbe, die sie in ihrer Zeit im Paris der dreißiger Jahre war.

Ein einzigartiges Gesicht: Ungeheuer große, runde, aquamarinblaue Augen, die beinahe so unwirklich wirken wie die Glasaugen einer Puppe, strahlen aus einer hohen, weiten und runden Stirn. Um zu zeigen, daß sie anders sind, hebt sie sie hervor. Schwarzer Lidstrich umrandet sie und zwei Augenbrauen, die nur hauchdünne Linien und so ebenmäßig sind, als seien sie von einer Kompaßnadel gezogen worden. Spuren des Alters zeigen sich nur in ihrem Gesicht – doch stehen sie in keinem Verhältnis zu ihrem tatsächlichen Alter. Ihre Hände und Beine sind so voller Jugend, daß es schon beinahe unheimlich ist. Es scheint gerade so, als ob sie irgendwann einen unstatthaften Pakt geschlossen hätte.

Vielleicht hat sie das auch. Schließlich hat sie fast alles Mögliche andere auch getan. Seit Beginn der Publikation ihrer Tagebücher sind Anaïs Nins zahlreiche Abenteuer Gegenstand des öffentlichen Interesses geworden: Wie sie, ohne selbst Schuhe und Kleider zu haben, einkaufen ging, um Schuhe, Vorhänge, Bücher und Schreibpapier für Henry Miller zu besorgen; wie sie ihm ihre eigene Schreibmaschine opferte (die er wiederum versetzte, um sich Alkohol zu kaufen) und schließlich die Veröffentlichung von *Wendekreis des Krebses* finanzierte. Wie sie Henry Millers mysteriöse, doppelgesichtige Frau June liebte und mit dem surrealistischen Dichter und Schriftsteller Antonin Artraud Freundschaft schloß. Wie sie sich in den Dreißigern auf das Feld der Psychoanalyse vorwagte, schließlich Otto Ranks Assistentin wurde und als solche selbst Patienten hatte. Wie sie ihr erstes Buch, eine kritische Studie über D. H. Lawrence, veröffentlichte, dann ein zweites, das Prosagedicht *Haus des Inzests;* und schließlich ihren ersten Roman, *Winter of Artifice*, für dessen Publikation ein anderer Freund, Lawrence Durrell, das Geld gab. In den Vierzigern kam sie nach New York und lebte im Village, wieder in der

Anaïs Nin

Gesellschaft von Künstlern. Dieses Mal handelte es sich um Robert Duncan, Kenneth Patchen, Edgar Varése. Da niemand das, was sie schrieb, veröffentlichen wollte, kaufte sie eine Druckerpresse, stellte sie in einem Loft in der Macdoughal Street auf und begann, eine Auswahl ihrer Kurzgeschichten, *Unter einer Glasglocke*, selbst zu setzen. Edmund Wilson las die Kurzgeschichten und lobte sie. Anaïs Nin schien damit am Ziel angekommen zu sein. Doch es sollte weitere zwanzig Jahre dauern, bis ein großer Verleger sich ihrer Arbeiten annahm.

1966 SCHLIESSLICH BEGANN Harcour, Brace & World *Die Tagebücher der Anaïs Nin* zu veröffentlichen – eine Reihe von Einzelbänden, die ihrerseits aus ungefähr 150 Notizbüchern, die sie im Tresor einer Bank in Brooklyn aufbewahrt, destilliert worden sind. Die Tagebücher, eine definitive Dokumentation weiblichen Bewußtseins, erscheinen auf den Leselisten der Frauenbewegung, mit dem kurzen und bündigen Kommentar versehen: »Lest es und weint.« Dank ihrer Publikation hat Anaïs heute weder die Zeit noch die Gelegenheit zu weinen.

Studentinnen bewundern sie und beten sie an: Als Gastlektorin ist sie heißbegehrt. Die Stanford University bot 1969 ein Seminar dem Titel »Integrierte Schaltkreise und die Poetik der Wissenschaft« an, in dem ihre Arbeit mit »dem Hintergrund, den Techniken, der Schönheit und den Verzweigungen integrierter Schaltkreise« (!) in Verbindung gebracht wurde. Sie ist eine der wenigen Schriftstellerinnen, deren Aktivitäten und deren Kreis bereits zu Lebzeiten ein akademisches Mitteilungsblatt gewidmet ist.

Die Flut an Briefen reißt nicht ab. Eine junge Frau schreibt aus Genf, daß sie Anaïs Nins Tagebücher vor dem Selbstmord bewahrt hätten, ein junger Mann in Missoula, Montana schreibt: »Ich kenne viele junge Männer, die Sie lieben... und die über viele Gläser Wein und Joints bis spät in die Nacht darüber diskutieren, wie groß wohl die Chancen sind, eine Frau wie Sie kennenzulernen.« Und viele sagen immer wieder das gleiche: »Sie schreiben mein Tagebuch, mein Leben.«

Vielleicht am aufregendsten findet sie jedoch die Tatsache, daß ihr Roman *Ein Spion im Haus der Liebe* verfilmt wurde. Er handelt von einer Frau, die viele Liebhaber hat und die die Wachsamkeit, Disziplin und die Brillanz eines Spions benötigt, um sich niemals selbst zu betrügen. Anaïs Nin ist mehr als zufrieden damit, daß man Jeanne Moreau für die Hauptrolle ausgewählt hat. »Sie ist eine Frau, die für die Liebe lebt − eine sehr interessante, vielgesichtige, unneurotische Frau.«

Eine einzige gültige Erklärung für den wachsenden Kult um Anaïs Nin gibt es nicht. Man sagt, daß sie jeden »verzaubert und in ihren Bann zieht«, daß sie jeden in unterseeische Tiefen des Bewußtseins lockt, daß man, nachdem man Anaïs Nin gelesen hat, Gedanken und Gefühle ausspricht, die man normalerweise unterdrücken würde. Vieles von ihrer Anziehungskraft ist darauf zurückzuführen, daß sie viele der Träume, die jeder von uns hat, gelebt hat: Sie ist die totale Frau − sie kleidet sich schön und ausdrucksvoll, wo sie erscheint, schafft sie Atmosphäre und eine Welt der Illusion; sie ist die Künstlerin par excellence; und sie war intim mit Männern, die wichtig waren für Literatur, Theater und Psychologie. Auch sollte man nicht unterschätzen, daß sie, indem sie sowohl ihre Stärken als auch ihre Ängste und Schwächen in den Tagebüchern offen darlegte, ein Gefühl der Erreichbarkeit und Nahbarkeit kommunizierte: So spricht sie denn auch jeder, der ihr schreibt, mit ihrem Vornamen an.

MEIN EIGENES INTERESSE an Anaïs Nin war ursprünglich dadurch geweckt worden, daß sie die einzige Schriftstellerin war, die als Frau die Dinge mehr oder weniger so erzählte, wie sie wirklich waren: Und dieses »Wie die Dinge wirklich waren« durchzog jede Seite ihres Tagebuchs, einem schlichten Relief vergleichbar, das den Glamour und den romantischem Zauber einfaßt. Man spürte den Rollenkonflikt: das Bedürfnis, Künstlerin und im gleichen Zuge die Frau hinter der Künstlerin zu sein; das Bedürfnis, dieselben Freiheiten zu genießen wie die Männer und gleichzeitig zu verführen und umworben zu werden; das Bedürfnis, eine eigene Identität zu haben und gleichzeitig überwältigt, beschützt und geführt zu werden. Wunden wurden ihr immer dann zugefügt, wenn die Bedürfnisse der Frau denen des Mannes zum Opfer fielen: als ihr donjuanesker Vater sie verließ, als sie ihre eigene Arbeit zurückstellte, um die Millers zu unterstützen. Und es gab kritische Vorurteile: Reaktionen auf ihr Werk, die nur von der ablehnenden Haltung gegenüber ihrem Geschlecht begründet waren; Rezensenten, die einen Fehler darin sahen, daß sie »zu wenig mit Kindern, Kochen und dem Garten hinterm Haus« zu tun gehabt hätte.

All das hat sie aufgeschrieben und dabei auch erzählt, wie sie sich fühlte, ohne ihr Jammern, ihre Klagen, ihre Nach-

giebigkeit gegen sich selbst und ihre defensive Einstellung
zu zensieren. Trotz allen ihren Fehlern, oder vielleicht gerade deswegen, war sie die einzige Frau, die für Frauen
sprach.

Überkorrekt sitzt sie in ihrem Sessel. Jedesmal, wenn das
Telefon klingelt – und es klingelt im Durchschnitt alle fünfzehn Minuten – erhebt sie sich leicht, mühelos und ohne
auch nur einen Moment lang Unmut oder Verärgerung darüber zu zeigen. Unter vielem anderen hat sie auch eine
Karriere als Tänzerin gemacht. Ich frage sie, ob sie noch
immer tanzt. »Oh, nein«, antwortet sie, »doch ich esse sehr
wenig und übe jeden Tag eine Viertelstunde. Ich nehme
mein *slant board* mit nach draußen auf die Terrasse.« In
Kalifornien, wo sie fast die Hälfte ihrer Zeit verbringt,
schwimmt sie, in New York spaziert sie nächtelang durch
die Straßen.

Sie trägt ein außergewöhnlich elegantes und unbeschreib-
lich weibliches Kleid. Es ist violett, leicht ausgestellt und
hat schmale Ärmel, die an eine Nonnentracht denken lassen und ihre Schultern betonen. Darunter trägt sie eine sich
ihrem Körper seidig anschmiegende Bluse mit einem auf-
fallenden Detail: Genau unter der linken Brust, da wo das
Herz ist, befindet sich eine circa sieben mal sieben Zenti-
meter große ausgeschnittene Stelle, die dem Kleid seine
unzweifelhaft symbolische Bedeutung gibt – »ich bedecke
mein Herz nicht«, sagt es dem Betrachter.

Ein anderes Mal trägt sie ein bodenlanges blaues Samt-
gewand – »mein Hippie-Kleid«, wie sie es nennt. »Ich habe
es auf der Macdougal Street gekauft. Ich habe ein wunderschönes Cape, das ich von der Bleeker Street habe, ein sehr
schweres schwarzes Cape, wie für einen Bischof gemacht.

Ich habe immer schon Capes geliebt. Einmal habe ich ein ganzes Krankenhaus in Aufregung versetzt, weil ich einen roten Burnus trug.« Sie erinnert sich mit sichtlichem Vergnügen daran. »Ich dachte mir, es würde den tristen Ort fröhlicher machen, und habe es jedesmal getragen, wenn sie mich zum Röntgen gerollt haben.«

In ihrem Tagebuch beschreibt sie häufig, was sie warum trägt: Wie sie kriegerische Farben – silber, rot, schwarz – getragen hat, um die Annäherungsversuche Artauds abzuwehren; wie sie sich wie eine russische Prinzessin kleidete, um ihren Psychoanalytiker bei ihrem ersten Treffen zu blenden. Sie ist eine große Künstlerin der Atmosphäre, stets bemüht, eine Aura zu schaffen, in der das Verborgene, das Versteckte, das Außergewöhnliche und das Symbolische erblühen können. In Paris wohnte sie auf einem Hausboot; in Louveciennes, einem nahegelegenen Vorort, strich sie jedes Zimmer ihres Hauses in einer anderen Farbe – lackrot, türkis, abricot, grau –, ihren verschiedenen Stimmungen entsprechend. Ich stelle ihr eine Frage mit feministischem Unterton: Besteht für eine Frau, die so sehr auf ihre Kleidung achtet, nicht die Gefahr, daß sie zum Dekorationsstück und Herzeigeobjekt von Männern wird? Wenn sie soviel Energie für die Gestaltung ihres Zuhauses aufwendet, einem Bereich, in dem es Frauen traditionsgemäß erlaubt ist, sich selbst einzubringen, opfert sie dann nicht ihre potentielle Kreativität auf anderen Gebieten?

Ihre Antwort ist unmißverständlich: »In meinen Augen sind Kleidung und Inneneinrichtung nicht weibliche Tugenden«, entgegnet sie. »Ich mag es, wenn Männer sich ebenso um ihre Kleidung kümmern wie Frauen. Unser Bedürfnis nach Schönheit zu verleugnen, heißt, zur Häßlichkeit der

Welt beizutragen. Ich mag alles, was den Augen Freude bereitet. Wir dürfen keine Eigenschaften ausrotten wollen,
nur weil man sie mit Weiblichkeit assoziiert. Wir müssen
nach unseren eigenen Vorgaben und Maßstäben leben.«

SIE SPRICHT MIT EINER LEISEN, doch eindringli-
chen Stimme. In ihrer Sprache zeigen sich leichte Ein-
sprengsel verschiedenster Kulturen: Als Tochter einer däni-
schen Mutter und eines spanischen Vaters wuchs sie in Paris
und New York auf – Kulturen, deren einzelne Elemente
man bei ihr ähnlich wie bei einer subtilen Gewürzmischung
nicht mehr eindeutig voneinander unterscheiden kann. Es
ist schwer, sie zu interviewen, was zum einen daran liegen
mag, daß sie selbst viel lieber mit Menschen spricht, als
interviewt zu werden, zum anderen damit zu tun hat, daß
die Offenheit der Tagebücher es notwendig macht, daß Teile
ihres Lebens wirklich persönlich, wirklich Privatangele-
genheit bleiben. Was sie niemand anderem zugänglich machen möchte, bewacht sie mit einer Entschlossenheit, die
man respektieren muß. Die Figur des Ehemannes zum
Beispiel erscheint in den Tagebüchern nur ein- oder zweimal im Hintergrund und bleibt rätselhaft. Sie wird nie eindeutig identifiziert, bekommt nie eine konkrete Existenz
zugeschrieben. Ihr Familienstand und die Quelle ihres Ein-
kommens bleiben ein Geheimnis. Ungeachtet dessen deckt
sie in den Tagebüchern zutiefst persönliche Begebenheiten
auf, die paradoxerweise auch diejenigen sind, die für jeden
und damit universell nachvollziehbar sind: Ihr Vater, der
Konzertpianist Joaquín Nin, verläßt seine Familie wegen
einer Reihe jüngerer Geliebten, als Anaïs neun Jahre alt ist.

Seine Untreue deutet sie als ihr Versagen (»Wenn er mich
nicht geliebt hat, dann deshalb, weil ich nicht liebenswert
war«) und fühlt sich in den folgenden Jahrzehnten genötigt,
sich ständig als Verführerin und Charmeurin zu beweisen.
Sie macht sich Sorgen darüber, daß ihre Brüste zu klein
sein könnten, daß sie eher einem Kind denn einer ausge-
wachsenen Frau gleicht. In einer Art Neurose, die bei
Frauen so häufig anzutreffen ist, daß sie fast schon normal
geworden ist, erfährt sie, wie ihr Ich zersplittert: »Ich habe
schon immer unter dem Eindruck der Vielheit meiner
Persönlichkeiten gelitten. An einigen Tagen kann ich es als
Reichtum bezeichnen, an anderen erscheint es mir als
Krankheit, als Wucherung, die so gefährlich ist wie Krebs.
Die erste Vorstellung, die ich von den Menschen um mich
herum hatte, war, daß sie alle, jeder für sich, ganzheitliche
Persönlichkeiten waren, während ich aus einer Vielzahl
von Personen, aus Fragmenten, bestand.« Und von den
Opfern, die nötig waren, um die Bedürfnisse aller Männer
in ihrem Leben zu befriedigen, fühlt sie sich zerrissen: »Ich
wollte die Frau sein, die Artaud so notwendig brauchte,
wollte seine Lyrik befreien und ihn selbst vor dem
Wahnsinn retten. Ich wollte die schmucke und charmante
Salonschriftstellerin sein, die klassische dekorative Künstlerin, die mein Vater immer aus mir machen wollte. Ich
wollte die Frau sein, die nicht aus Adams Rippe, sondern
aus seinen Bedürfnissen gemacht war, seine Erfindung,
seine Vorstellung, sein Muster.« Alles für die Männer; doch
was für sie selbst?

IN DEN INTIMSTEN ASPEKTEN ihres Leben zeigt sich die gemeinsame Geschichte vieler Frauen. »Die Hauptbegebenheiten im Leben einer Frau sind immer dieselben«, sagt sie. »Viele Frauen schreiben und fragen mich: ›Was sehen Sie als Ihre Pflicht an?‹ ›Wieviel geben Sie für Ihren Ehemann auf?‹«

»Ich habe so viele talentierte Frauen gesehen, die gefangen waren. In *Collages* habe ich die Geschichte von Romain Gray und seiner Frau [Lesley Blanch, Autorin von *The Wilder Shores of Love*] niedergeschrieben. Sie war diejenige, die das Konsulat geleitet hat; die sich um die Gesellschaften kümmerte, um die Dienstmädchen. Wenn sie Gäste hatten, kam er nur eben kurz herunter, schaute launisch in die Runde und ging gleich wieder hinauf, um weiterzuarbeiten; doch ich denke, sie war der bessere Schriftsteller von beiden. Zwanzig Jahre lang hat sie das mitgemacht. Dann ist er gegangen und hat eine Schauspielerin geheiratet...«

Obwohl die Tagebücher ein wichtiges Werk und Zeitdokument im Kontext feministischer Literatur darstellen und Anaïs Nin und die Frauenbewegung sich mit einem hohen Grad an gegenseitiger Neugierde betrachten, sind sie bis heute keine Allianz eingegangen. Als sie in Harvard einmal einen Film über sich und Henry Miller einführen sollte, wurde sie von einer Gruppe junger Frauen angepöbelt, die ihr vorwarfen, »daß sie das Gleiche noch mal machen« und für Miller zurückstecken würde. »Sie sagten: ›Wir wollen nichts über Henry Miller hören, wir wollen nicht den Film sehen, wir wollen mit Ihnen reden‹«, fährt sie fort. »Doch ich wußte nicht, wie ich mit ihnen überhaupt in Kontakt kommen sollte.«

Ungeachtet eines offensichtlichen Interesses aneinander hält sie sich mit einem Werturteil zurück und tendiert statt dessen eher zu unverfänglichen und allgemeingehaltenen Aussagen über die Frauenbewegung: »Was mit Frauen geschieht, geschieht mit der ganzen Welt«, sagt sie. »Entweder wir überschreiten alle Etiketten – Neger, Frau, Ausländer –, oder wir werden daran zugrunde gehen. Es gibt soviel Feindlichkeit hier. Die Leute merken das. Wenn Außenstehende kommen und das sehen, fragen sie mich: ›Was passiert hier?‹«

»Für ein modernes Land ist das eine befremdliche Sache. Gerade weil andere Leute immer mit der Illusion lebten, daß Frauen in Amerika wirklich frei wären. Wenn man zum Beispiel früher nach Mexiko ging, waren amerikanische Frauen die einzigen alleinreisenden Frauen, die man sah. Die Vorstellung, daß Frauen hier arbeiten könnten, gab es ebenfalls schon immer. Das war auch der Grund, warum uns meine Mutter hierherbrachte – in Amerika hat eine Frau ihre eigene Würde, sie kann arbeiten …«

Nur ungern schiebt sie jemandem die Schuld für das Dilemma der Frau zu. »Ich will die Situation von Frauen nicht schönreden, doch ich mag Männer auch nicht angreifen. Ich werde den Männern genausowenig den Krieg erklären, wie ich Menschen aus anderen Völkern den Krieg erkläre. Kriege zu führen bringt keine Erfüllung; wir können nur befreit werden, indem wir unsere Kräfte vereinigen.«

»Berufliche Ungleichheiten gibt es zur Genüge, doch wenn wir den Mann angreifen – wo doch auch so viele Männer Frauen geholfen haben –, begeben wir uns in Gefahr, die Liebe des Mannes zu verlieren. Ich habe mindestens ebensoviele Männer als Hilfe für mich empfunden, wie ich sol-

che kennengelernt habe, die ich nur egoistisch und selbst-
süchtig fand. Ich bin auch destruktiven Frauen begegnet,
und mein Ordner ›gehässige Rezensionen‹ enthält eine
ebenso große Anzahl verzerrter und feindlicher Bespre-
chungen von Frauen wie von Männern. Wenn wir damit
aufhören würden, das Unterscheidungsmerkmal »männlich
– weiblich« zu verwenden, könnten wir der Wahrheit über
uns selbst näher kommen.«

EBENSO LEHNT SIE ES AB, der Gesellschaft die Schuld
zu geben: »Wir müssen die Ungerechtigkeiten von all denjenigen Dingen trennen, für die wir selbst verantwortlich
sind. Zuerst müssen wir herausfinden, warum wir diese Ver-
haltensvorgaben akzeptieren. Wir müssen kämpfen, um
uns dieser Dinge zu entledigen. Die Schwierigkeiten der
Frau lagen in ihrer eigenen Verantwortung. Sie hat sich nie
als Frau ausgedrückt und artikuliert. Sie hat nicht gelernt,
über den Mann zu siegen, um eine Verbündete statt eine
Tyrannin zu werden.«
»Zumindest aber hatten Frauen nie die Probleme, die unsere Kultur Männern bereitet, das heißt, daß seine Macht
unmittelbar an das von ihm Erreichte geknüpft ist. Als
Mann ist er erst erfolgreich, wenn er als Geschäftsmann
erfolgreich ist. Das ist die Ursache für sein ›Ego‹. Eine Frau
hingegen fühlt sich nicht als Versagerin, wenn sie auf beruf-
licher Ebene nichts erreicht…«
»Ich denke, wir haben zwei Aufgaben zu erledigen – die
Stärke der Männer herauszustellen und ihnen deutlich zu
machen, daß sie nichts verlieren, wenn wir unsere eigene
Stärke entwickeln.«

»Aber«, frage ich sie, »denken Sie nicht auch, daß Männer sich von der Annahme freimachen müssen, daß sie von Natur aus Frauen überlegen sind?«

»Ja«, stimmt sie zu. »Das Gefühl zu brauchen, daß Frauen einem unterlegen sind, ist eine große Schwäche, vergleichbar dem Bedürfnis, einem Schwarzen oder Ausländer überlegen zu sein. Der Angriff auf das Pseudomännliche − Mailer, Miller − ist eine gute Sache. Es ist ein Zeichen von Schwäche. Miller hatte diese Schwäche auch in seiner Haltung Frauen gegenüber. Er hatte nichts, was er einer Frau bieten konnte. Illustrierten haben ihn gebeten, über Liebe zu schreiben. Was weiß er über Liebe? Ich war wirklich entsetzt!« Sie lacht halb bösartig, halb bitter. »Amerikanische Schriftsteller hatten niemals Verständnis für Frauen, die ganze Reihe stahlharter Autoren, von Hemingway angefangen.«

Das chromgelbe Licht der Nachmittagssonne lag auf ihrem Gesicht. Ungeachtet einer Krankheit, wegen der sie erst vor kurzem für einige Wochen ins Krankenhaus mußte, schwatzte sie lebhaft weiter. Dabei servierte sie Tee mit hauchdünnen Zitronenscheiben, die wie Nachbilder der Sonne auf der Oberfläche schwammen. »Männer und Frauen haben heute mehr Möglichkeiten, einander zu verstehen, als jemals zuvor«, sagte sie, einen Moment lang ernst werdend. »Darum will ich nicht, daß Dinge kaputt gemacht werden. Gerade jetzt, wo die Männer die emotionale, gefühlsmäßige Seite in sich zu akzeptieren lernen und Frauen zu verstehen beginnen, daß, obwohl Gefühl und Emotionalität die Quelle ihrer Intuition sind, sie diese durch Sachverstand und Vernunft untermauern müssen.«

»Das Problem besteht weniger darin, männliche von weib-

lichen Zügen zu trennen. Es liegt viel eher darin begründet, daß wir herausfinden müssen, wer und was wir sind –
unsere tatsächliche Bestimmtheit erfahren müssen. Wir
haben immer nach einem Schwarz-weiß-Schema unter-
schieden – der Mann ist aktiv, die Frau passiv. Doch diese
Unterscheidungen stimmen nicht. Einige Personen werden
immer unselbständig sein, manche Männer denken irratio-
nal, manche Frauen sind kämpferisch.«

»Ich denke, es war Baudelaire, der gesagt hat, daß jeder von
uns Mann, Frau und Kind zugleich ist. In ihrem Unter-
bewußtsein sind Männer und Frauen gleich. An einem Tag
ist der eine stark und der andere schwach. Am nächsten Tag
muß der andere denjenigen, der am Vortag noch stark war,
unterstützen.«

»Ich glaube an das Paar«, sagt sie, »an zwei Leute, Mann und
Frau oder Mann und Mann oder Frau und Frau, die ein
Gleichgewicht, eine Balance für sich anstreben, um den
Problemen des Lebens zu begegnen. Ein Paar bildet sich,
indem zwei sich einander ergänzen, vervollständigen. Dafür müssen sie jedoch nicht feststehende Eigenschaften
akzeptieren lernen, sondern Empfindungsschwankungen.
Wir brauchen gegenseitige Abhängigkeit, Interdependenz.
Wann immer einer von beiden zuviel Macht gewonnen hat,
können wir das Ungleichgewicht sehen; er hört auf, mit
anderen zu leben.«

»Unsere Freiheit müssen wir uns durch Liebe und gemeinsame Anstrengung erarbeiten. Es gibt schon zuviel Feind-
seligkeit und Aggression auf der Welt. Ich wünschte mir,
Frauen würden damit aufhören, Kinder zu gebären, solange es Kinder auf dieser Welt gibt, die hungern müssen.«

DIE FRAU, die sich vor nahezu vierzig Jahren auf das
Abenteuer Psychoanalyse eingelassen hat und noch heute
die Hilfe einer Psychologin dankbar anerkennt, bleibt der
Psychoanalyse ganz und gar verpflichtet, die ihr die Ant-
wort auf die Probleme zu sein scheint, die sie ihr ganzes
Leben lang zu beschreiben suchte.

»Die Psychoanalyse ist der einzige Weg«, sagt sie, »um kulturelle Muster und Verhaltensweisen und Gehirnwäsche im
Kindesalter zu entfernen und sein eigenes Ich kennenzulernen.«

Sie spricht ihr das Verdienst zu, all die Schwierigkeiten,
die sie als Frau erfahren hatte, gelöst zu haben – den
Rollenkonflikt, die Tradition der Selbstaufgabe und die
Vorurteile gegenüber ihrer Arbeit. »Ich habe immer ge-
fühlt, daß ich in der Lage sein müßte, über alle diese Dinge
hinauszugehen, und letztendlich habe ich das auch getan.
Es hat lange Zeit gebraucht – die europäische Kultur ist
altmodischer, rückständiger als die amerikanische –, aber
schließlich habe ich es doch getan, ohne einen der Männer
in meinem Leben zu verletzen. Wenn Frauen doch nur wei-
termachen könnten, ohne gegen Männer in Stellung zu
gehen – wir müssen ihr Verständnis gewinnen.«

Mittlerweile ist Anaïs dabei, den vierten Band der Tagebücher vorzubereiten. Wenn ich nach der Zeit nach 1945
frage, dem Jahr, mit dem der dritte Band aufhört, antwortet sie umgehend: »Warte auf das nächste Tagebuch!« In
gewisser Hinsicht existiert die Anaïs nach 1945 noch nicht,
so lange jedenfalls, bis das Material organisiert, gesichtet,
geschrieben, lektoriert und publiziert worden ist. Denn im
Grunde ist die große Schöpfung ihres Lebens die Hauptfigur der Tagebücher – eine Anaïs, die sich vom Rohmate-

rial der wirklichen herleitet, jedoch geformt und lektoriert ist, eine Frau, die nicht für sich selbst spricht, sondern für viele Frauen.

Djuna Barnes
Kiki vom Montparnasse

**Kiki vom Montparnasse ist heute vor allem als Modell
und Geliebte des Dada-Künstlers Man Ray bekannt, den
sie zu etlichen seiner wichtigsten und schönsten Fotos,
Filme und Bilder inspirierte. Über die Muse der Künst-
ler-Avantgarde vom Montparnasse schrieb Djuna Barnes.**

»DAS LEBEN«, MURMELTE KIKI, »ist au fond so begrenzt, so ohne Möglichkeit zu neuen Frivolitäten, so dia-
bolique« – sie hebt ihre Mandarinaugen, mit Kohlestift
abgeschrägt – »daß man im Besitz einer Maus sein muß,
einer kleinen weißen Maus, n'est-ce pas, um sie zwischen
Cocktails und thé umherlaufen zu lassen.«
Das meistbegehrte Modell vom Montparnasse hält das kleine, warme, flinke Etwas, das sie auf ihren rotlackierten Fin-
gern trägt, in Richtung Boulevard Raspail, wo es ohne Vorurteile und ohne etwas über die Annehmlichkeiten von
»Gut und Böse« zu wissen, mit aufmerksamen, funkelnden
Augen alle Menschen anstarrt. Eine Andeutung der gleichen Unbekümmertheit ist in den Augen von Kiki zu finden, die mit anderen reizvollen Modellen kam und Frankreich eroberte.

In alten Zeiten war ein Modell nur ein Modell; sie brach die Herzen der Männer, nicht aber ihre Konventionen; sie stand stundenlang wortlos auf ihrem Podest, während der Maler sie maß und ihre Proportionen nahm, um sie für die Herbstausstellung auf die Leinwand zu bringen.

Doch die Zeiten haben sich geändert. Das Modell ist nicht länger das Monopol dessen, der mit Farbe umgeht. Auch Musiker und Schriftsteller sind unter den Einfluß des ›persönlichen und lebendigen Zaubers‹ der Modelle geraten. Musiker engagieren und arrangieren sie in Oktaven und Themen. Ein Mädchen, sagen sie, kann das Tempo einer Oper jederzeit verändern; ein Triller kann zu einem Grabgesang werden, ein Grabgesang zu einem Kriegslied, ein Kriegslied zu einer Sonate; eine Tragödie zu einer Komödie, eine Komödie zu einer psychologischen These und eine Predigt zu einem − Bekenntnis!

Es ist sogar so weit gekommen, daß eine Gruppe der vier Künste, die sich selbst ›Super Realisten‹ nennt, geschworen hat, für alle Zeiten auf die Inspiration zu verzichten, es sei denn, diese Inspiration käme von den ›belles femmes‹, weshalb das Modell Anspruch auf ihre bisher zweitrangig gehandelte Persönlichkeit erhebt. Sie will nicht länger *décor* sein, sondern Akteurin.

Und zu alledem braucht sie auch noch ihre Kaprice. Für Kiki ist es eine weiße Maus, für andere ein winziges Äffchen, das nicht größer ist als der eigene Sinn für Humor; ein *oiseau jaune*, ein halber Meter Schlange, und für andere der Kintopp.

DANK KIKI ist Man Ray eines seiner besten Bilder gelungen. Sie stürmte in den Raum, so dunkel, so bizarr, so

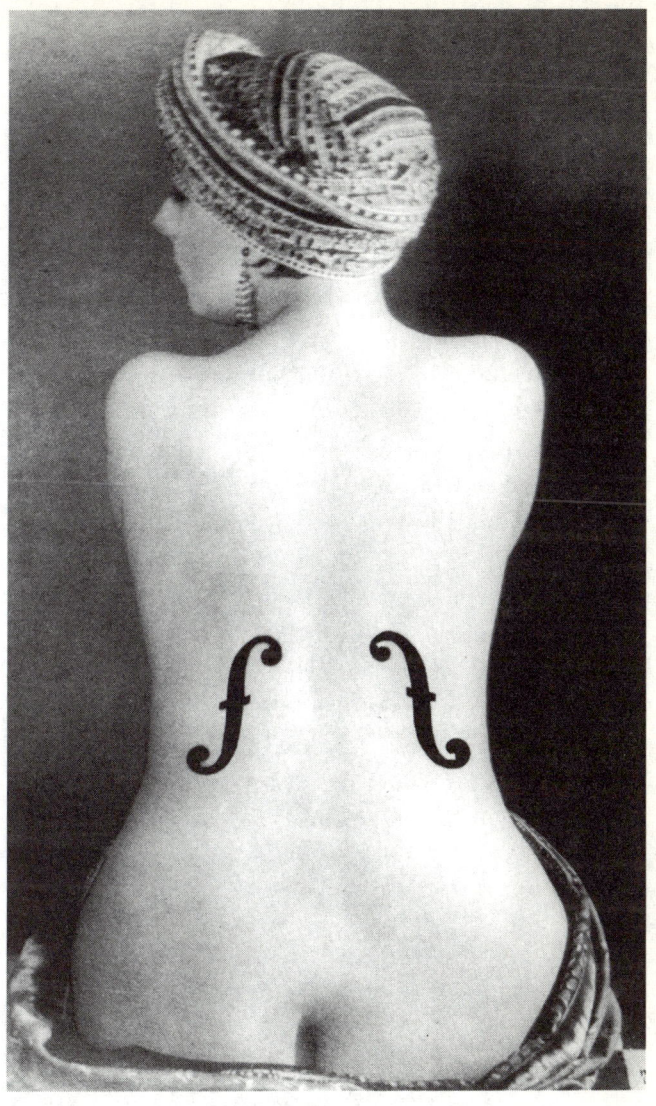

Kiki vom Montparnasse auf
Man Rays Fotocollage »Le Violon d'Ingres« von 1924

tückisch treulos und rief aus: »Niemals wieder wird Kiki genau die gleiche Sache an drei aufeinanderfolgenden Tagen machen, niemals, niemals, niemals!«, so daß er blitzlichtartig in den Besitz der Erkenntnis von der Beschaffenheit aller unberechenbaren Wesen gelangte.

Sie hielt Wort, stürzte sich ins Filmgeschäft und erschien in der Galerie de Monstres mit Caralin, im Inhumaine mit Georgette Leblanc Maeterlinck und ein paar Abende später auf den Brettern des Gaiety – nur um dann das Gaiety, das Inhumaine und die Galerie de Monstres zu verlassen, wie sie Man Ray verlassen hatte!

Die Malerei, die Schauspielerei, Poiret, Lanvin und überhaupt die ganze Welt langweilten sie. So ging sie in Klausur und entwarf ein Kleid, das dem Quartier Latin den Atem stocken ließ.

Wollte sie nicht mit jemandem reden? Nein. Sie lacht und sprudelt rebellische französische Wortkaskaden heraus wie ein unaufhörlicher Springbrunnen auf einem lauten Großstadtplatz und überbringt ihre Ansichten ihrer Maus: »Bâte! Toujours infidèle, vous avez blessé mon cœur? Non, ganz gewiß non! Mein Herz schlägt ohne Rücksicht auf Dich weiter! Voilà! Laß es schlagen, das amüsiert, und das ist so – wie sagt man doch – so persönlich, so französisch, so sehr ich!«

AUS HOLLAND kommen die beiden winzigen Schwestern Bronja und Tylia, achtzehn und zwanzig. Sie sprechen vier Sprachen und haben Marie Laurencin, Prinzessin Lucien Murat und Boussingault Modell gesessen. In der Tat machte Boussingault eine umfassende Ausstellung über

Tylia. Diese Schwestern waren ebenfalls in den Kinos zu bewundern, aber das ist nicht alles. Sie sind ein Teil der Bewegung Cigale, dem Bœuf sur le toit. Für das Cigale sind sie der entzückendste Teil des Publikums, denn sie wissen von jedem, wie er ›den Sprung geschafft hat‹. Cocteau nennen sie ›Jean‹; und sie unterhielten sich mit Radiguet, als er sein Monokel fallen ließ und wieder aufsetzte, in jenen Tagen vor seinem Tode. Sie tanzten zum Rhythmus des Dschungels, den ein ›Rabenschwarzer‹ auf der Trommel schlug. Sie saßen in ihren Capes an der Bar und tranken Yvette und Menthe allein der Farbe wegen und diskutierten über belgische Poesie mit dem Barkeeper. Man hörte sie auch zu Marcel Herrand, dem ›Romeo‹ von Cocteaus *Romeo und Julia* sagen: »Ein hoher Spitzenkragen und eine Trikothose, und schon ist man fast ein anderer. Ist es nicht so?« »Amerika!« – Tylia öffnet ihre Augen, seufzt und zündet ihre zehnte Zigarette an. »Amerika ist für mich die einzige volupté. Warum? Weil auf allen Bildern, die ich von Eurem amerikanischen Leben sehe, alles so symmetrisch angeordnet ist. Die Züge haben viel Raum, der Raum ist voller Gebäude und Eure Gebäude sind voller Geld. Ist es nicht so?«

WENN SIE IHR SAGEN, daß es nicht so ist, wird sie Ihnen nicht glauben, denn das Modell von Neunzehnhundertvierundzwanzig besteht darauf zu glauben, was ihr gefällt. Aus diesem Grund hat man sie auch für den Kubismus verantwortlich gemacht. War es nicht sie mit ihrem Pfauengelächter, die alte Normen in tausend Stücke zerschlug und die Kuben und Winkel salonfähig machte? War es nicht sie mit ihrem Übermut, die die bildende Kunst ins

Fieber stürzte und sie rettete in die Gesundung zum Futurismus? Alle sagen, daß es so war, doch damit nicht genug. Es ist mehr als ein Gerücht, daß die ›freienVerse‹ von ihr ›befreit‹ wurden; daß sie das Establishment in ihren wirbelsturmartigen Streifzügen aus den Angeln hob, es vom Staub befreite und ihm neue Maßstäbe setzte.

Sein könnte es jedenfalls, denn sie ist, wie Oscar Wilde sagt, ›keine ernste Absicht‹. Nein, sie ist herrlich belanglos, auf großartige Weise unzusammenhängend, triumphierend trivial.

Fragen Sie La Choute, Liebling der Quartz-Arts und Metzingers Muse, mit ihrer spanischen Mantilla und ihren unwiderruflichen Augen; fragen Sie Susanne, fragen Sie die Königin vom Montparnasse, Mademoiselle Michelin, die die Frisur von Cléo de Mérode trägt; fragen Sie Yvette, Revuegirl bei den Follies und Athletin; fragen Sie Myrka mit ihrem Turban, die von den sonnenüberfluteten Westindischen Inseln stammt, die, wie die Maler sagen, genau die richtige Seite des Obskuren zeigt. Fragen Sie, wen Sie wollen, und alle werden antworten: »Mais oui!«

Wie sie leben? Genau wie Sie und ich. Und wie leben wir? Sagen wir es denn?

Sie sehen sie nie vor zwei Uhr nachmittags. Vielleicht ist das Ihr Fehler, denn stehen Sie jemals vor zwei Uhr auf?

Wenn Sie Ihren Kaffee trinken (genauso tödlich wie der Degen eines D'Artagnan), Ihr *petit pain* essen (so hart wie das Herz einer Frau) und Ihre Augen erheben, treffen sich eure Blicke. Sie lächelt ein wenig und Sie lächeln zurück. Sie werden sie nicht vor dem Abendessen wiedersehen, wo sie just in dem gleichen Cafe sitzt, das Sie immer aufsuchen, und ihren Cognac oder ein helles Bier trinkt und schreckliche französische Zigaretten raucht. Sie treffen sie im Bois, Sie gehen ins Theater, und während Sie im Begriff sind, einer Pointe zu applaudieren, die Sie nicht hören, aber verstehen (französischeWitze haben diese Eigenart), werden Sie übertönt und verdrängt von der Allgegenwärtigkeit ihrer weiß behandschuhten Hände, die sie wie wildgewordene Taubenflügel vor sich hochhält, und damit ihre Zustimmung ins Vergessen donnert. Denn das Modell vom Montparnasse ist überall, wo Sie sind und nicht sind. Das ist ihr Leben, und ihr Leben ist ihr »Bekenntnis« – das einzige, das sie ablegen. Jedes andere wäre unnötig.

UND WENN SIE DANN AM SONNTAG Ihre Schritte zur Kirche lenken – nicht weil Sie ein guter Christ, sondern weil Sie ein guter Tourist sind – und den Glocken von Notre Dame, von St. Sulpice, St. Germain oder Sacre Cœur folgen, treffen Sie sie wieder, wie sie gerade lange dünne Kerzen kauft, die sie für das Herz (rührenderweise nicht für die Seele) von petit Grace anzündet, der im Henri-Murger-Stil an langsamer Auszehrung starb und dessen Unsterblichkeit erhalten bleiben muß; und sie geht in die Knie, seufzt vor den Altären und spricht ihre Gebete mit kleinen jährlichen Abweichungen, denn niemand betet in diesem Jahr, wie man im letzten Jahr gebetet hat. Und sie neigt ihr Haupt.

Wieder zurück auf dem Boulevard, nippt Kiki an ihrem Likör, hält ihre kleine weiße Maus auf der Hand und lächelt ihr Mandarinlächeln. »Man hat mir mein Herz gebrochen? Keineswegs, das gehört nur mir allein. Was möchten Sie haben? – Thé? Bon!«

Barbara Ungeheuer
Helen Hessel

Nach Paris kam sie 1912 mit der Absicht, Malerin zu werden. Bald lernte sie ihren zukünftigen Ehemann Franz Hessel kennen sowie dessen Freund, den Schriftsteller Henri-Pierre Roché, zu dem sich Jahre später eine leidenschaftliche Liebesbeziehung entspann. Barbara Ungeheuer resümiert das Leben der Deutschen, die gelegentlich auch als Übersetzerin und Literatin tätig war.

MEHR ALS DREI JAHRZEHNTE IST ES HER, daß Jeanne Moreau mit einem Chanson auf Weltreise ging. Ihr Lied vom »Tourbillon de la vie«, vom Strudel des Lebens, sollte bald als Erkennungsmelodie des Zeitgeistes gelten. Wie die Catherine im Film *Jules und Jim*, sangen die jungen Frauen von Berlin bis San Francisco den berühmten Refrain gleich nach: »Je suis une femme fatale!« Serienende der Zelluloidbilder von der eisernen Jungfrau à la Doris Day, vom Heimchen, so gänzlich erfüllt von der Sorge um Mann und Kind.

François Truffaut, der junge Regisseur der Nouvelle vague, hatte aus dem dünnen Roman eines siebzigjährigen und bis dahin völlig unbekannten Pariser Autors 1962 einen Film gedreht, der noch heute überall spielt und entzückt. *Jules und Jim,* diese Dreiecksgeschichte einer Liebe, erlebt die wundersame Rückkehr aus der Fiktion in die Wirklichkeit. Die wiedergefundenen Tagebücher der echten Personen im Dreiergespann nehmen uns auf eine bewegende Reise mit. Ohne die Filter des Schriftstellers und der Kamera erscheinen der Franzose Henri-Pierre Roché (Jim), der Deutsche Franz Hessel (Jules) und die Deutsche Helen Hessel (Catherine) zum Anfassen nah. Die hemmungslose Ehrlichkeit, mit der sie sich selber und ihre Partner beobachten und erfühlen, macht ebenso atemlos wie ihr mitunter dreisprachiger Telegrammstil. Helen Hessel hinterläßt uns das Psychogramm einer modernen Frau, deren Spannbreite und Tiefgang die Einsichten ihrer professionell schreibenden Männer weit übertreffen.

ES IST GERADE die Vergleichsmöglichkeit der Seelenlandschaften von einer Frau und zwei Männern, die dem Text seine magische Kraft gibt. Helen nimmt sich alle Freiheiten, die des Mannes Recht sind – »je m'apporte les amants«, ich bring mir die Liebhaber, schrieb sie 1920 ins Tagebuch. Sie wird diesen auf vielen Ebenen geführten Kampf um Gleichberechtigung zwangsläufig verlieren. Aber wie sie kämpft, wird zum außergewöhnlichen Lehrstück und ist seiner Zeit Jahre voraus.

Es ist die Geschichte eines gemeinsam verbrachten Sommers im Isartal kurz nach dem Ersten Weltkrieg. Begonnen hatte alles schon viel früher, als 1906 der soeben aus Berlin eingetroffene Literat Franz Hessel im Café Dôme am Boulevard Montparnasse auf einen jungen Franzosen stieß. Sehr

Helen Hessel
(Foto: Deutsches Literaturarchiv, Marbach)

schnell wurden der lange, dünne Pierre und der kleine, dickliche Franz zu unzertrennlichen Freunden, die ihre Liebe zur Literatur der Länder diesseits und jenseits des Rheins genauso teilten wie die zu den jungen Malerinnen und Tänzerinnen im Quartier Latin. »Jeder von uns sucht bei derselben Frau etwas anderes, also gibt es keinen Grund zur Eifersucht«, sagte Pierre damals zu Franz. Jahre vergingen in solcher Eintracht, auch wenn bei einer Griechenlandreise die Statue auf der Insel Chalcis, die sie wie in Trance umschweiften, eine andere Zukunft verhieß. »Ihr Lächeln betäubte, stark, jung, nach Küssen dürstend, ja vielleicht nach Blut... Was würden sie tun, wenn es ihnen eines Tages begegnete? – Sie würden ihm folgen.« Was Henri-Pierre Roché in *Jules und Jim* auch das archaische Lächeln nannte, sollte sich schon bald zeigen. Und diese Figur war gar nicht aus Stein.

HELEN GRUND, die aus einer bürgerlichen preußischen Familie stammte, war 1912 zusammen mit zwei Berliner Freundinnen zum Malereistudium nach Paris gekommen. Schnell wurde sie zur Königin der Nacht erkoren. Der Pariser Bohème gefiel das Alles-oder-Nichts-Temperament des blonden Nordlichts. Und zum ersten Mal sagte Franz zu Pierre: »Die aber nicht, nicht die!« Bei einem letzten gemeinsamen Nachtbummel, bevor Franz und Helen nach ihrer Heirat nach Berlin zurückkehren, springt Helen Hals über Kopf in die Seine. Franz steht versteinert am Ufer, während sie sich von Pierre an Land ziehen läßt. Und Pierre wußte, daß seinem Freund das archaische Lächeln niemals allein gehören würde.

Der Erste Weltkrieg unterbrach die Freundschaft. Franz hatte sich an die Ostfront gemeldet, Pierre arbeitete für eine französische Kommission in New York. Helen, inzwischen Mutter von zwei Söhnen, haßte das Leben im Umfeld ihrer Schwiegermutter und empfand Franz nach dessen Heimkehr als einen »erstarrten Leichnam«. Sie war süchtig nach der Euphorie des wirklich Lebendigseins, ein Gefühl, das tiefer Todesangst entsprang (drei ihrer Geschwister begingen später Selbstmord) und 1919 zum ersten längeren Ausbruch aus der großbürgerlichen Idylle führte. Sie verdingte sich als Feldarbeiterin auf dem Land in Ostpreußen und Schlesien. Sie lernte das Melken, Heuen und auch die Jagd, sowohl die auf Gutsherren wie die auf Rehwild. Nach sechs Monaten kehrte sie zur Familie zurück, die sich inzwischen in einem Landhäuschen in Hohenschäftlarn eingerichtet hatte. Helen schrieb an Pierre: »Der Vater (Franz) braucht Sie. Machen Sie schnell! Die Dinge liegen im Durcheinander. Nicht hilflos, wir suchen nach Auswegen, finden auch einige, nur nicht den einen. Er ist ein so feines altes Ding – wie ein Buch, eingeschlafen oder tot, vielleicht können Sie es aufwecken. Ich konnte es nicht. Was mich angeht, möchte ich Ihnen alles erzählen, und sollten Sie ein Feind sein, dann fordere ich Sie zum Kampf heraus.«

Helen blieb kampfeslustig, auch als ihre Liebe zu Pierre gerade erst begonnen hatte. Franz, glücklich über die vom Krieg unversehrt gebliebene Freundschaft zu Pierre, gab der neuen Wahlverwandtschaft seinen Segen. Nur zu seinem kleinen Sohn sagte er einmal: »Der Vater ist zu still, die Mutter ist zu wild – er will nicht viel vom sogenannten Leben und sie zu viel.« Pierre ist ihrem Sog ausgeliefert:

»Alle wollen zu ihr, die Kinder, selbst das kleine Kätzchen
− immer und überall ist sie der Mittelpunkt.« Helen, die
sich »häßlich, aber zur Schönheit verdammt« findet, ist
jeder Tag zu kurz: »Ich möchte, daß das Leben nie aufhört,
um alles machen zu können, was ich liebe. Schwimmen,
Tennis spielen, segeln, es ist so herrlich, und essen und
schlafen. Und wie würde man alles so viel besser machen,
wenn man dem einen nicht die Zeit stehlen würde, weil
man das andere tut!«

Grundmuster einer Dilettantin? Sie macht Zeichnungen
für den *Simplicissimus*, sie übt Tänze ein und will in Schwa-
bing auftreten. Sie ist Muttertier in selbsterdachten Zirkus-
spielen, die sie für ihre Söhne mit ewig neuen Einfällen
ausrichtet. Sie schreibt Lyrik, trägt Rilke vor, der ihr Gedichte widmete. Sie hilft ihren beiden Männern bei der
Konzeption einer deutsch-französischen Literaturzeitschrift,
beim Übersetzen und Schreiben. Alles gelingt ihr und auch
nichts, bis sie im Herbst 1920, nach der Abfahrt von Pierre,
mit der Rückblende des Erlebten beginnt.

DER URSPRÜNGLICHE PLAN der drei war, ein gemeinsames Werk zu schaffen, in dem jeder seine Version
aufzeichnen sollte, die später von Pierre miteinander ver-
woben werden sollten. Franz, der sich als »das Gewissen in
der Ecke« bezeichnet, bleibt skeptisch. Helen stürzt sich
in das Projekt und hat dabei Angst, durch den Akt des
Schreibens ihre Gefühle zu verwässern. Denn Schreiben ist
ihr die allerhöchste Kunst: »Möchte sein Blut trinken, meinen Mund auf eine Wunde seiner Brust legen, ihn schlagen,
daß er mich schlägt. In ihn eindringen, mit ihm kämpfen.«

Was sie dann aber in die Schulhefte packt, ist nichts weniger als eine Analyse der *condition humaine* der Frau von gestern bis heute. Sie will und kann alles, was die Männer können. Nichts läßt sie sich von ihnen gefallen und fällt dabei so tief. Denn ihr Eigenbild entsteht im Spiegel vom Mann, eine Fata Morgana, auch wenn sie schreibt: »Es wird ihm nicht leichtfallen, zur früheren Selbstzufriedenheit zurückzufinden. Ich habe ihm das Geschenk eines Gebirges der zehntausend Freuden und Chancen, sich zu verändern, gemacht. Jetzt bleibt es ihm überlassen, ob er davon profitiert oder sich den Hals dabei bricht. Ich habe diese Arbeit gut erledigt.« Helens Feier der Erotik als Mysterium, die Beschreibung ihrer Verwandlungen beim Liebesakt, ihre poetischen und auch frechen Wortschöpfungen für den männlichen Sex *(»Le God[1] que me partage, entre dans l'aveugle«* – der Gott, der mich teilt und verteilt, gleitet ins Blinde) stehen im ständigen Kontrast zu einer Wirklichkeit, die sie eben nicht zu beherrschen weiß. Die Eifersucht, die Gier nach einem Kind von dem Mann, den sie liebt, die Schwangerschaftsabbrüche als Straf- und Befreiungsaktionen. Und wenn sie nach der Vereinigung mit Pierre sagen kann: »Wir haben Franz mitgeliebt«, deutet sie eine innere Zwiespältigkeit immerhin an. Die Skala der Emotionen wie die der Selbstkritik ist so breit, daß beide Männer von ihrem literarischen Talent überzeugt sind. Sie macht ihnen angst, im Schreiben wie im Leben.

PIERRE hat sich sein Quentchen Eigenständigkeit immer vorbehalten. Er ist Franzose und eben ein Mann. Der Absolutheitsanspruch von Helen, die ihm jede tatsächliche oder vermeintliche Untreue doppelt und dreifach heimzahlt, treibt ihn immer wieder nach Paris zu einer Jugendfreundin zurück, zu Germaine, »die lockere Ruhe ausatmet«. Allzeit wichtig bleiben ihm der Gedankenaustausch und die gemeinsamen Projekte mit Franz. Diese deutsch-französische Symbiose in einer Zeit des rabiaten Nationalismus nachzulesen zeigt, was der französische Poet Dominique Fourcade meinte, als er kürzlich sagte: »Ich habe einen französischen Paß, mein Vaterland aber ist Proust und Hölderlin.« Daß sie niemals im Schlamm der populistischen Umtriebe mitwaten, kosmopolitisch bleiben und über das verschwundene Vermögen die Achsel zucken, all dies weist das Trio als elitär aus. Bei diesem Höhenflug werden alle drei Dilettanten zu wahren Künstlern. Sie sind Pointillisten der zwischenmenschlichen Beziehungen.

So wird die Inflation, die den Hessels ihre Existenzgrundlage stiehlt, als eine Randerscheinung vermerkt, während das Kommen und Gehen der vielen Freunde, die Besuche bei Arthur Schnitzler oder Stefan George und die Nächte in der Schwabinger »Bonbonniere« den Takt angeben. Allein in der Korrespondenz zwischen Helen und Pierre (die den Tagebuch-Text abschließt) wird die prekäre Lage der Hessels deutlich.

MIT DER SELBSTSICHERHEIT »eines jungen Boxers, der noch nie echte Haue bekommen hat«, wie Franz sie einmal beschrieb, zog 1925 Helen mit den zwei Söhnen nach Paris, um jetzt als berufstätige Frau mitsorgen zu können. Als Korrespondentin der *Frankfurter Zeitung* schrieb sie für die »Beilage der Frau« über Mode und Menschen. Sie richtete ein Heim ein, in das auch Franz – er arbeitete inzwischen bei Ernst Rowohlt als Lektor und Übersetzer – immer wieder zurückkehrte. Und natürlich sah sie Pierre. Auch wenn sie ihm vorgeworfen hatte: »Du bist wie der Hahn der Badewanne, den Du auf- und zudrehst, wie es Dir paßt«, galt für sie auch dies: »Vollkommen liebt man nur einen Augenblick lang. Dieser Augenblick ist immer wieder zurückgekommen.« Das gemeinsame Buchprojekt hatte sie längst ad acta gelegt. Nur das »Roché« im Arbeitstitel würde sie später mit dickem Farbstift ausstreichen. Sie sei keine Künstlerin, hatte sie schon im Journal geschrieben: »In Wirklichkeit interessiert mich die Kunst nicht. Was mich im Grunde bewegt, ist das Leben, wie es sich formt, immer fließend.«

Ihr eigenes peitschte sich zur Sturmwoge auf, als Pierre ihr Anfang der dreißiger Jahre gestand, daß er seit Jahren verheiratet sei und mit einer anderen Frau einen Sohn habe. Der Revolver, mit dem sie ihn schon einmal bedroht hatte, lag bereit. Der Vertrauensbruch war für sie schlimmer als die Tat. Die absolute Ehrlichkeit, auf der sie ihre Liebe aufgebaut hatten, war nun verhöhnt, auf ewig zerstört. Den von Helen angeordneten Strafbann über Roché akzeptierte auch Franz.

Er als Jude hatte weit schlimmere Sorgen. Seine Vorahnung, schon 1920 formuliert, nahm nun Formen an. Damals hatte er geschrieben: »Ich hause in Ruinen vergangener Welten. Ich sehe wohl, wie das Alte um mich verfällt. Aber ich kann nichts Neues aufbauen, ich habe keine Aufgabe. Die Bausteine, die andere anschleppen, kommen mir vor wie aus Pappe.« Schon im Liebeskampf hatte er vorzeitig abgedankt. Mit Hilfe seiner Verbindungen und Freundschaften wäre es ein leichtes für ihn gewesen, Deutschland zu verlassen. Doch er wollte nicht »als Bevorzugter dem Schicksal der Juden entgehen«. Wenige Tage vor der Pogromnacht 1938 gelang es Helen, ihren Franz auf Schleichwegen über Holland nach Paris und nach Kriegsausbruch bis in die »freie Zone« bei Aix-en-Provence in relative Sicherheit zu bringen.

Mit der üblichen Verve hatte sie sich im leerstehenden Haus von Aldous Huxley einnisten können. Während es ihrem ältesten Sohn Stéphane gelang, de Gaulles Kampftruppen in London zu erreichen, wurden Franz und der jüngere Sohn Ulrich zweimal im berüchtigten Lager »Les Milles« interniert. Helen entging diesem Los in der für sie typischen Kampfesart. Sie legte sich splitternackt ins Bett, als der Dorfpolizist sie abholen wollte. Franz Hessel starb 1941. »So ruhig wie im Leben glitt er in den Tod«, schrieb ein Zeuge.

Ein Jahr später erst erfuhr Pierre vom Tod seines Freundes. Ohne die Tagebücher nachzulesen, die im besetzten Paris unerreichbar waren für ihn, schrieb er innerhalb von drei Wochen die Geschichte von Jules und Jim. Seinem Franz, dem er letztlich untreuer war als Helen, mußte er ein Denkmal setzen. Erst beim Schreiben der letzten Fassung 1953 kam ihm die vom Autobiographischen abweichende Auflösung. Ein würdiges Ende: Die Romanhelden Jim und Catherine sterben, Jules aber lebt weiter. Auch war es Franz gewesen, der gesagt hatte: »Man muß ihn lieben, wie er ist. Wenn man diesen Menschen beeinflussen würde, wäre er nicht mehr er.« Seine Moral der Distanz hatte letztlich gewonnen.

HENRI-PIERRE ROCHÉ erlebte die Fertigstellung des Films nicht mehr. Helen Hessel aber, von der alle glaubten, sie würde vom Leben als erste verbrannt, starb erst 1982 im Alter von 96 Jahren. Sie sah sich den Film an und schrieb an einen Freund: »Voilà. Für mich ist dieses Erlebnis doppelt versichernd: Ich habe gelebt, und ein bißchen ungeheuerlich: Ich bin gestorben und lebe weiter.«

»Leben ist immer ein Übertreiben.« Franz hatte es gesagt, Pierre schrieb es, und Helen hat es in Szene gesetzt.

Anatoli Marienhof
Isadora Duncan

Man sagt, daß sie sich von dem um 17 Jahre jüngeren russischen Dichter Sergej Jessenin angezogen fühlte, weil er sie an ihren Sohn Patrick erinnerte. Das Eheleben mit ihm spielt sich auf Reisen ab, in Hotels, Restaurants und Kneipen, in Konzertsälen und Theatern. Isadora tanzt und agitiert, Jessenin trinkt und randaliert. Anatoli Marienhof schildert Szenen aus dem Leben der beiden.

JAKULOW GAB IN SEINEM STUDIO eine kleine Fete. Nachts um eins kam die Duncan dazu.

Eine rote, weiche Falten werfende Tunika; rotes, ins Kupfergold spielendes Haar; groß der Körper, leichte geschmeidige Schritte.

Sie ließ die Augen, die blauen Fayenceschälchen glichen, durchs Zimmer gleiten und bei Jessenin verweilen.

Der kleine feine Mund lächelte ihm zu.

Sie legte sich auf die Couch, und Jessenin flog ihr zu Füßen.

Sie tauchte die Hand in seine Locken und sagte:

»Goldener Kopf!«

Es überraschte, daß sie, die keine zwölf russischen Wörter kannte, diese zwei wußte.

Dann küßte sie ihn auf die Lippen.

Und wieder formte ihr Mund, der klein und rot war wie die Einschußwunde von einer Pistolenkugel, gebrochene russische Laute:

»Engel!«

Sie küßte ihn wieder und sagte:

»Teufel!«

Früh um vier verließen Isadora Duncan und Jessenin die Gesellschaft.

Erschüttert setzte sich Was-kost-das-Salz neben mich und grübelte nach einem Plan zu »Wjatkas Rettung«.

»Ich nehme ihn wieder mit.«

»Er wird nicht mitwollen.«

»Nach Persien...«

»Nach Persien... vielleicht.«

Von Jakulow verabschiedeten wir uns im Morgengrauen. Und gingen mit traurigen Herzen durch die leeren Straßen.

AM NÄCHSTEN TAG fuhren wir die Duncan besuchen.

Die Villa Balaschow in der Pretschistenka. Wuchtige Marmortreppen, die Räume in verschiedenen »Stilen« gehalten: Empiregemächer – wie die Säle der alten, bei der russischen Kaufmannschaft so beliebten Restaurants; »mauretanische« Gemächer – wie Sandunowsche Bäder. Ein Wintergarten mit mickernden Kakteen und Palmen, die so elend und unglücklich dreinschauten wie Tiere hinter den Gittern zoologischer Gärten.

Schwere vergoldete Möbel. Brokat, Plüsch, Damast.

In Isadora Duncans Zimmer, über Sessel, Diwane und Ti-

Isadora Duncan

sche gebreitet, zarte französische Schals, venezianische Kleider und bunter russischer Kattun.

Alles, was die Truhen hergaben, war aufgeboten, die grausige Geschmacklosigkeit, den infamen Protz zu verdecken.

Isadora lächelte fein und sagte, die Nase rümpfend:

»C'est Balachoff... schlechter chambre... schlechter... Isadora fichu châles... achetra... viel, viel russisch châles.«

Auf dem Fußboden Roßhaarpolster, Kissen und Matratzen, mit Teppichen und Fellen bedeckt. Die Kronleuchter verhüllt mit roter Seide. Elektrisches Licht konnte Isadora nicht leiden. Sie war über fünfzig.

Auf einem Tischchen gegenüber dem Bett ein großes Porträt von Gordon Craig.

Jessenin nahm es in die Hand und betrachtete es eindringlich. Dann, so sah es aus, saugte er die trockenen, etwas rissigen Lippen vollends leer.

»Dein Mann?«

»Qu'est-ce que c'est, ›Mann‹?«

»Mari... époux...«

»Oui, mari... bil... Craig schlechter Mann, schlechter mari... Craig malt, malt, travaillait, travaillait... schlechter Mann... Craig génie.«

Jessenin pochte sich mit dem Finger an die Brust.

»Ich auch Genie! Jessenin Genie... Genie! Ich, Jessenin, bin ein Genie, und Craig ist ein Dreck!«

Und mit verächtlicher Miene schob er das Porträt unter einen Stoß Noten und alter Journale.

»Adjö!«

Isadora, hingerissen:

»Adieu.«

Sie machte eine lässige Abschiedsgebärde.

»Und jetzt, Isadora«, Jessenin wölbte die Augenbrauen,
»tanze… Verstehst du mich, Isadora? Tanze für uns!«
O ja, er fühlte sich wie Herodes, der Salome zu tanzen ge-
bietet.
»Tansoui? Bon!«
Sie setzte sein Käppi auf und zog sein Jackett an. Musik
begann, eine sinnliche, erregende, fremde.
Der Kavalier Isadora Duncan, die Dame ein Schal.
Ein grausiger und wundervoller Tanz.
Der schmale rosa Leib des Schals wand sich in ihren
Armen. Sie brach ihm das Rückgrat, würgte ihn mit vibrie-
renden Händen. Bezwungen, leblos hing das runde kleine
Seidenhaupt herab.
Den Tanz beschließend, legte sie den starr gestreckten
Leichnam ihres Geisterpartners auf dem Teppich nieder.
Jessenin war fortan ihr Herr und Gebieter. Wie ein Hund
küßte sie ihm die Hand, die er zum Schlag erhoben hatte,
und die Augen, in denen häufiger Haß als Liebe brannte.
Und doch, Jessenin war nur ihr Tanzpartner, kaum anders
als jenes rosa Schalfähnchen: willenlos und tragisch.
Sie tanzte.
Sie führte den Tanz.

UND BALD schmetterte unser Freund Sascha Sacharow,
ein Liebhaber gepfefferter Scherzlieder:

> Tolja hat verstaubte Ohren,
> Doch Serjosha wie gelutscht
> Reine, weil er Isadoren
> In der Pretschistenka knutscht.

Ein unguter Zauber hatte begonnen und peitschte die Tage. Rosa Halbdunkel. Rosa Seide, wallend von Isadoras kräftigen weichen Schultern.

Jessenin stellte vor Was-kost-das-Salz eine kleine Spieldose hin, ein billiges Kinderspielzeug.

»Leier mal, Mischa, ich tanze den ›Kringel‹.«

Was-kost-das-Salz griff nach der kleinen Kurbel und drehte. Die Dose knarrte ein Liedchen – das »Fräulein«.

> Fräulein, schönes Fräulein,
> Herrin, Herrscherin!

Jessenin warf die Lackschuhe ab und sprang barfuß auf den flauschigen französischen Teppichen umher, seinen ›Kringel‹ vorführend.

Mit verliebten Augen, ihren blauen Fayenceschälchen, schaute die Duncan zu.

»C'est la Russie... Ça, c'est la Russie!«

Die Gläser auf dem Tisch klirrten und zitterten, daß der warme Sekt schwappte.

Jessenins hellgelbe Fersen wirbelten wie Trommelschlegel.

»Errrlich!«

Jessenin blieb stehen. Auf seiner bleichen Stirn glänzten große kalte Tropfen. Auch die Augen waren wie Tropfen, zwei kalte, große, bis zur Fahlheit ergrimmt.

»Zigarette, Isadora!«

Die Duncan reichte Jessenin eine Papirossa.

»Schampus!«

Sie holte Sekt.

Jessenin stürzte das Glas herunter und füllte es nach. Die Duncan schlang die zarten, sehr weichen Arme um seinen Hals.

In ihren blauen Fayenceschälchen sammelte sich Milchtee.
Sie flüsterte:

»Essenin ist stark!... Très stark!«

Solche Nächte fielen siebenmal in der Woche an. Und
dreißig im Monat.

Einmal bat ich Isadora Duncan um ein Glas Wasser.

»Qu'est-ce que c'est ›Wasser‹?«

»L'eau.«

»L'eau?«

Isadora hatte vergessen, daß sich Durst auch mit Wasser
löschen läßt. Sekt, Weinbrand, Wodka.

Für Anfang Winter hatte Was-kost-das Salz eine Kauka-
susreise vor. Wir überlegten, wie man Jessenin von Moskau
loseisen könnte. Wir lockten ihn mit diesem und jenem und
verlockten ihn schließlich mit Persien.

Ärgerlicherweise verpaßte Jessenin den Zug.

JESSENIN WAR so gut wie ganz in die Pretschistenka
umgezogen.

Isadora hatte ihm eine goldene Uhr geschenkt. Ihr schien,
eine Uhr würde seiner ewigen Unrast abhelfen und verhin-
dern, daß er die Empire-Sessel immer wieder im Stich ließ
und davonrannte, um irgendeiner seiner undurchsichtigen
Verabredungen und Abmachungen nachzukommen.

In Konjonkows Augen schied sich die Menschheit in Menschen mit Uhr und Menschen ohne Uhr.

Wenn Konjonkow über jemanden sagte: »Der... hat 'ne
Uhr«, war damit alles gesagt. Da wußten wir Bescheid: Wenn
der Besagte ein Maler war, wäre es müßig gewesen, über
sein Talent noch länger Betrachtungen anzustellen.

Nun hatte eine Laune des Schicksals dem eingefleischtesten
»Menschen ohne Uhr«, der sich nur denken läßt, eine gol-
dene Uhr mit zwei Deckeln, fast eine von Bourée, in die
Tasche gespielt.

Damit nicht genug – vor jedem Fremden erlag dieser
Mensch der Versuchung, sie ein-, zweimal zu zücken, den
massivgoldenen Deckel aufschnappen zu lassen und die
Zeit abzulesen.

Ansonsten blieb es der Uhr versagt, die ihr zugedachte Rolle zu spielen.

Wie ehedem ergriff Jessenin zuweilen die Flucht vor den
weichen Balaschow-Sesseln, lief auf und davon, um irgend-
welche irrealen Verabredungen einzuhalten.

Dann und wann kam er in der Bogoslawski mit einem kleinen Bündel angekeucht.

An solchen Tagen hatte seine Miene etwas bitter Entschlos-
senes. Wie unerschütterlich klang es, wenn er sagte:

»Ein für allemal!… Habe ich ihr auch selbst gesagt: Isadora, adjö!«

Sein Bündel enthielt zwei, drei Hemden, eine lange Unter-
hose und Socken. All sein Hab und Gut war damit in die
Bogoslawski zurückgekehrt.

Wir grinsten. Im Buchladen meldete ich Koshebatkin:
»Heute hat Jessenin wieder zu Isadora gesagt:

> »Adjö, ich will nach Haus,
> Gib meine Buxen raus!«

Zwei Stunden nach Jessenins Heimkehr kam der Portier
der Villa Balaschow mit einem Brief. Jessenin schrieb eine
unbeugsame lakonische Antwort. Eine Stunde später klin-
gelte Isadoras Sekretär Ilja Iljitsch Schneider.

Am Abend erschien Isadora selbst.

Sie hatte kindlich geschwollene Lippen, und in ihren blauen Fayenceschälchen glitzerten salzige Tropfen.

Sie ließ sich vor Jessenin, der auf einem Stuhl saß, nieder, umschlang seine Beine und überschüttete seine Knie mit dem roten Kupfer ihres Haars.

»Engel.«

Jessenin stieß sie von sich.

»Hau ab, geh zum ...« Er brannte ihr einen Fluch über.

Isadora lächelte noch zärtlicher, noch zärtlicher flüsterte sie:

»Isch liebe disch, Serguei Alexandrowitsch.«

Es lief immer auf dasselbe hinaus: Abermals bündelte Emilia Jessenins mobile Habe.

JESSENIN VERLIEBTE SICH nicht in Isadora Duncan, sondern in ihren Weltruhm. Auch heiratete er ihren Ruhm und nicht sie, die ältere, schwer gewordene, wenn auch immer noch schöne Frau mit dem gefärbten Haar.

Es schmeichelte und gefiel ihm, Arm in Arm mit dieser Weltberühmtheit durch Moskaus Straßen zu bummeln, mit ihr im Dichtercafé, in Konzerten, Theaterpremieren und Vernissagen zu erscheinen und im Rücken ein vielstimmiges Geflüster zu hören, darin sich ihre Namen verflochten:

»Duncan – Jessenin ... Jessenin – Duncan ...«

Aber dann erloschen die Lüster im »Stall des Pegasus« oder der »Schwanensee« war ausgetanzt, und er setzte seine Weltberühmtheit in eine Droschke, einen der dickärschigen Moskauer »Wankas« der Revolutionszeit, und sie fuhren von der halbdunklen Twerskaja oder der dunklen

Bolschaja Dmitrowka heim zu ihrem Balaschow-Haus in der Pretschistenka.

Das ist nicht gerade nah, wenn man den ganzen Weg schweigt. Und sie schwiegen.

Voll Mitgefühl wiederhole ich Jessenins Lieblingsausdruck: »Heulendes Elend.«

»Denk mal, Tolja«, sagt Nikritina mit einem Seufzer, »selbst einem Hund fällt es schwer, immer still zu sein. Selbst einer Katze. Und Isadora ist doch eine Frau!«

Ich runzele die Brauen.

»Bilde dir bitte nicht ein, daß es uns Männern leicht fällt. Ein albernes Vorurteil! Der Unterschied besteht nur darin, daß die Frau schwatzt und der Mann sich unterhält.«

»Du bist unverschämt, Anatoli! Isadora hat einen feinen, erlesenen und kühnen Verstand. Aber Serjosha…«

»Serjosha…«, unterbreche ich sie gereizt, »hat einen klugen Verstand. Wenn auch einen bäuerlichen.«

»Stimmt«, bestätigt sie, »einen sehr eigensinnigen und sachlichen Verstand.«

»Mehr noch, meine Liebe: einen poetischen!«

Nikritina nickt.

»Und einen poetischen! Vor allem einen poetischen!«

Es tut mir leid, daß ich so gereizt »meine Liebe« gesagt habe.

»Ja, Njuscha, es ist ein wahres Unglück, daß Isadora alle europäischen Sprachen außer dem Russischen beherrscht. Und Jessenin überhaupt keine Fremdsprache, sondern nur Russisch.«

Damit waren wir uns wieder einig.

VOR DER ABREISE ins Ausland trugen sich Duncan und Jessenin beim Standesamt ein.

»Hochzeit! Hochzeit!« frohlockt sie. »Schreibt uns Glückwünsche... Schenkt uns Teller, Töpfe und Bratpfannen! ... Zum erstenmal im Leben hat Isadora einen rechtmäßigen Ehemann!«

»Und Singer?« frage ich.

Das war der mit den Nähmaschinen. Ein Krösus unserer Zeit. Mit ihm hatte Duncan Kinder, die in Paris bei einem Autounfall ums Leben gekommen waren.

»Singer? Nein!« sie schüttelt energisch ihr dunkelrotes Haar, das schulterlang ist wie bei einem dekadenten Poeten oder Maler.

»Und Gordon Craig?«

»Nein!«

»Und D'Annunzio?«

»Nein!«

»Und...«

»Nein! Nein! Nein! ... Serjosha ist Isadoras erster rechtmäßiger Mann. Isadora ist jetzt eine dicke russische Frau!« antwortet sie auf französisch mit bezauberndem Rachen-R.

ILJA ILJITSCH SCHNEIDER, der Verwalter von Isadora Duncans Moskauer Schule, zeigt mir eine Zeitschrift, die er aus New York bekommen hat:

»Und da sind die Unseren!« sagt Schneider durch die Nase. Er hat chronischen Schnupfen.

Auf dem Velinblatt sieht man eine lachende Isadora und einen nicht lachenden Jessenin.

Sie trägt einen breitkrempigen leuchtend blauen Hut mit

weißen Federn, eine leuchtend blaue Pelerine, die mit
weißer Seide gefüttert ist; in der Hand hält sie einen leuchtend blauen Schirm, der mit schäumender weißer Spitze
gesäumt ist usw. Alles in Leuchtendblau mit Weiß.

Und er – vom Hut bis zu den Sohlen in Hellgrau. Wie aus
Silber gegossen. Leicht und lässig.

»Gekleidet wie ein Londoner Dandy!« näselt Schneider.
»Unser Rjasaner Bäuerlein!«

Bäuerlich war Jessenin übrigens nur in der Sprache. Sein
Großvater, der ihm an Fürsorge den Vater ersetzte, hatte
riesige eigene Schleppkähne über Oka und Wolga geschickt, die mit Getreide beladen waren.

Die Unterschrift unter dem schmucken Farbdruck: »Isadora
Duncan mit ihrem jungen Ehemann.«

Ich schlage mit der Faust auf die Zeitschrift.

»Die Schufte!«

Schneider lächelt sein Verwalterlächeln – süßlich und unverschämt zugleich.

»Ganz schön unverfroren, diese Amerikaner, was?«

Er hält mir das nächste Journal hin. Unterschrift: »Isadora
Duncan mit ihrem Mann, einem jungen bolschewistischen
Dichter.«

»Sein Nachname interessiert sie nicht«, hält Schneider für
nötig zu kommentieren. »Hauptsache, daß sie Isadora
Duncan ist!«

In ferner Kinderzeit hat mir fette zimtfarbene Haut auf der
Milch physischen Ekel erregt. Bis hin zum Würgen! Jetzt
erregt mir dieser Verwalter solchen Ekel.

»Fortsetzung folgt, Anatoli Borissowitsch!«

Vor mir – Zeitungen und Journale. Ein ganzer Stoß.
Jessenin existiert darin nur als der junge Gemahl. Ent-

setzlich! Und Schneider näselt spöttisch: »Welche Ehre für unseren Serjosha, was?«

Ich werde diesem schmierigen Wicht, diesem chronischen Schnupfen noch die Fresse einhauen, denke ich bei mir.

»Viel Spaß, Anatoli Borissowitsch. In zwei Stunden muß ich die ganze amerikanische Literatur ans Volkskommissariat für Aufklärung zurückgeben.«

»Selbst viel Spaß, hol' Sie der Henker!«

»Das sieht meines Erachtens nach einer Unverschämtheit aus.«

»Zweifellos.«

Ich wende mich von Schneider ab und sehe... über den weiten Raum hinweg – Jessenins Augen voll blutiger Fädchen; sehe seine Wangen und seine Stirn, sie wirkt wie mit einem Leichentuch überspannt; höre, wie seine Zähne knirschen. Und Schneider hüpfen die Worte weiter wie Flöhe von der Zunge:

»Sergej Alexandrowitsch hat doch immer davon geträumt, ›in beiden Hemisphären Wind um sich zu machen, wie Lord Byron‹... Na? Da haben wir unseren Lord Byron!«

Schneider kichert.

Er hatte es sehr eilig gehabt, die häßliche Irma Duncan, Isadoras Adoptivtochter, zu heiraten, um in ebensolchen hochmodischen, geckenhaften Jacketts wie Jessenin durch Europa und beide Amerikas zu reisen. Aber... daraus war nichts geworden. Und nun saß er im leeren Haus in der Pretschistenka und lief über vor Galle.

»Ein Freund von mir«, redet Schneider weiter, »sagt unter ähnlichen Umständen über seine eigene Person:

›Hab geheiratet aus Berechnung, und herausgekommen ist – aus Liebe‹... Hahaha!«

VIEL SPÄTER, als Isadora Duncan schon von Jessenin verlassen war, erzählte sie mir mit Tränen in den Augen: »Oh, es war so ein Unglück! Wissen Sie, bei uns in Amerika muß eine Schauspielerin in der Öffentlichkeit sein – Empfänge, Bälle. Natürlich ging ich mit Serjosha hin. Viele Menschen, viel Lärm immer. Überall Gespräche. Hier und dort fällt sein Name. Man spricht freundlich über ihn. In Amerika gefielen sein Haar, sein Gang, seine Augen. Aber Serjosha hat kein Wort außer ›Jessenin‹ verstanden… Und Sie wissen ja, wie mißtrauisch er ist… Es war eine wahre Tragödie! Er meinte ständig, daß man über ihn lachte und spottete, ihn verhöhnte. Und das bei seinem Stolz! Bei seiner krankhaften Eigenliebe! … Er wurde böse wie ein Dämon. Man nannte ihn sogar schon ›der weiße Dämon‹. Ein Bankett… Wir werden geehrt. Reden, Gläserklingen… Serjosha nimmt meinen Arm, seine Finger sind wie Eisenzangen… ›Isadora, nach Hause!‹ Ich habe ihm nie widersprochen… Wir fuhren sofort ab. Aus heiterem Himmel… Die einen glaubten, er hätte Leibschmerzen, die anderen, daß er ein russischer Wilder, die dritten, daß er verrückt sei… Und kaum waren wir im Hotelzimmer – ich noch in Hut und Mantel –, da packte er mich an der Kehle und würgte mich, wie ein Othello… ›Die Wahrheit, Hündin! Sag die Wahrheit! Was hat dein amerikanisches Pack über mich gesagt?‹ Ich konnte schon nur noch röcheln. ›Gutes haben sie gesagt, nur Gutes!‹ Aber er glaubte mir nie… Niemals! Ach, es war so schrecklich, es war ein Unglück!«

Isadora Duncan liebte Jessenin mit der großen Liebe einer großen Frau.

Das Leben war freigebig zu ihr und unbarmherzig. Es hat

ihr alles gegeben und hat ihr alles wieder genommen –
Ruhm, Reichtum, einen geliebten Mann, Kinder… Kinder,
die sie vergöttert hatte.

Ursula Keller
Lidija Zinovjeva-Annibal

Gemeinsam mit ihrem Ehemann begab sie sich auf die Suche nach neuen Formen der erotischen und sexuellen Partnerschaft. Die neue, ideale Form der Liebe sollte allumfassend und von jedem allzumenschlichen Egoismus frei sein. Aus dem Liebesleben der Lydia Zinovjeva-Annibal erzählt Ursula Keller.

1907 WIRD DAS KULTURELLE LEBEN St. Petersburgs und Rußlands durch eine kleine Sensation aufgerüttelt: Die von der Zensur zunächst nicht zur Veröffentlichung freigegebene Erzählung *Tridcat'tri uroda* (Dreiunddreißig Ungeheuer) von Lidija Zinovjeva-Annibal erscheint. Die in Form eines fiktiven Tagebuches verfaßte Erzählung ruft allein durch ihre Thematik eine Welle der Empörung bei den Rezensenten hervor: Das erste Mal wird hier in der russischen Literatur die Liebe zweier Frauen zueinander beschrieben.

Der Miniaturroman war die zweite Buchveröffentlichung einer Autorin, die – exzentrisch, emotional und eigenwillig – sich über die Normen ihrer Zeit hinwegsetzte, viele beeindruckte und doch zurückschrecken ließ und in der

künstlerischen Bohème St. Petersburgs zu Beginn des
20. Jahrhunderts so etwas wie ein Paradiesvogel war.
Um die Jours fixes, die sie und ihr Ehemann Vjatscheslav
Ivanov in ihrer Wohnung, dem »Turm«, abhielten und die
jeder, der etwas auf sich hielt, besuchte, ranken sich
Legenden, ebenso wie um die Persönlichkeit dieser leidenschaftlichen Frau, die viel zu früh und unerwartet starb. Sie
begann spät zu schreiben und hat kein sehr umfangreiches
Werk hinterlassen. Nach ihrem Tod geriet Lidija Zinovjeva-
Annibal in Vergessenheit – in der Sowjetunion galt sie als
»bürgerlich-dekadent«. Ihr literarisches Werk wurde bis
heute in Rußland nicht wieder aufgelegt.

1866 – das genaue Datum ist unbekannt – wird auf dem
Landsitz einer wohlhabenden und einflußreichen, dem
Zarenhof nahestehenden Familie die Tochter Lidija gebo-
ren. Ihr Vater Dmitrij Zinovjev entstammt einem serbischen
Fürstengeschlecht, die Mutter, eine geborene Baronesse
Vejmarn, jenem Geschlecht des Abessiniers Gannibal, auf
das auch Alexander Puschkin seine Abstammung zurück-
führte.

WILDHEIT UND LEBENSKRAFT zeichneten Lidija
Zinovjeva-Annibal seit frühester Kindheit aus. Das Gymnasium in St. Petersburg, die Diakonissenschule in Deutschland – wo die Herren Pastoren und die Schwestern von ihr
als dem »russischen Teufel« sprechen – müssen für sie, die
das Lesen nicht liebte, die nur eines – leben, leben, leben
– wollte, nicht enden wollende Qual, nicht zu ertragender
Zwang bedeutet haben. Von beiden Schulen wird sie verwiesen, und so bleibt den Eltern schließlich nichts anderes

Lidija Zinovjeva-Annibal

übrig, als einen Hauslehrer für die Tochter zu engagieren.
Es kommt, wie es kommen muß – Lidija, die siebzehn-
jährige, unbändige Tochter aus gutem Hause, verliebt sich
in ihren jungen Lehrer Konstantin Semjonovitsch Schvarsalon, der mit seinen flammenden Reden von einer gerech-
ten Welt für alle Menschen Eindruck auf sie gemacht hat.
Von ihren Eltern erpreßt sie die Zustimmung zur Heirat.
Erst Jahre später erkennt Lidija, mittlerweile Mutter dreier
Kinder, daß ihr einstiger Hauslehrer sie in allem betrogen
hatte: Die Reden von der sozialistischen Idee waren für ihn
nur leere Worte, er, der bekommen hatte, was er wollte –
Lidija und die Mitgift –, vergnügte sich mit anderen Frauen.
Sie verläßt ihn und reist mit den Kindern in die Schweiz
und nach Italien, wo sie, die verzweifelt ist und das Leben
nicht mehr liebt, zu sich zu finden hofft.

IM JULI 1893 lernt Lidija in Rom Vjatscheslav Ivanov kennen, einen gleichaltrigen jungen Mann, der damals gerade
an seiner Dissertation arbeitete; diese Begegnung wurde
für beide lebensentscheidend. »Die Bekanntschaft mit
Lidija glich einem dionysischen Frühlinsgewitter, nach dem
alles in mir neu ward, aufblühte, ergrünte«, schreibt
Vjatscheslav Ivanov 1917 in seiner kurzen Autobiographie.
Auch Vjatscheslav ist zu diesem Zeitpunkt in erster Ehe verheiratet. Das Verhältnis der beiden, das immer intensiver
und leidenschaftlicher wird, ist von Zweifeln und Schuld-
gefühlen überschattet. Zunächst kehrt Lidija nach Rußland
zurück und trifft Vjatscheslav erst im September 1894 in
Florenz wieder.
Im Februar 1895 schreibt sie ihm nach Rom: »Ich weiß nur

eines: wenn ich die Liebe, die in mir ist, nicht durch Selbstmord auslösche, werde ich die Deine sein, was auch immer geschehen möge – wenn Du mich nimmst, natürlich. [...] Das Schlimmste jedoch ist, daß mein Gewissen schweigt, und Du verstehst, was dies heißt. Es heißt, daß ich das Gute vom Bösen nicht mehr unterscheiden kann, daß ich von wahrhafter Liebe erfüllt bin.«

Und Ivanov antwortet: »O Lidija! Ich weiß, wie sehr ich vor Dir schuldig bin – durch meine Liebe, meine Leidenschaft, meine Zärtlichkeiten und Briefe. [...] Es gab einen Augenblick, in dem mir schien, daß ich Dir so vieles genommen habe, daß ich meinerseits Dir nichts mehr versagen kann.«

Und er bekennt: »Diese allumfaßende Liebe, die Du von mir erwartest, kann ich Dir nicht geben...Wir lieben auf unterschiedliche Weise« – dies hat Lidija unterstrichen und ein großes »JA« an den Rand geschrieben – »und ich denke, daß unsere Liebe, solange sie in den Grenzen verbleibt, die wir selbst ihr auferlegt haben, Dir nur Leiden und Schmach bringen kann.«

Das »Schweigen des Gewissens«, das Lidija in ihrem Brief beschreibt, erklärt vielleicht ihren Mut und ihre Entschlossenheit, ihre Liebe nicht zu verleugnen. Am 11. März 1895 reist sie zu Ivanov nach Rom, und sie verbringen drei glückliche Tage und Nächte miteinander.

Konstantin Schvarsalon, Lidija Zinovjeva-Annibals erster Ehemann, willigt zunächst nicht in die Scheidung ein. Es kommt zum Prozeß, der sich über mehrere Jahre hinzieht, während derer sich Lidija und Vjatscheslav nur selten in Rußland aufhalten. Doch mit starkem Selbstbewußtsein setzt sich Lidija über die bürgerlichen Moralvorstellungen hinweg und lebt mit Ivanov zusammen, zuerst in Frankreich, wo 1896 – noch vor der offiziellen Scheidung von Schvarsalon 1899 – die gemeinsame Tochter Lidija zur Welt kommt, dann in Italien und in der Schweiz.

Nach ihrer Heirat beziehen Lidija Zinovjeva-Annibal und Vjatscheslav Ivanov im Jahr 1900 die Villa »Java« in Chatelain bei Genf, die für fünf Jahre ihr Domizil wird. Erst 1905, nur zwei Jahre vor dem frühen Tod Zinovjeva-Annibals, nimmt das Ehepaar seinen Wohnsitz wieder in Rußland – eine neue Epoche in ihrem Leben beginnt. Ihr Quartier in St. Petersburg wird eine Wohnung mit rundem Erkerzimmer.

»Wir leben hoch oben in einem runden Turm über dem Taurischen Park und seinem Schwanensee. Jenseits des Parkes, jenseits der Neva ist das phantastische Petersburg bis zu den entlegensten Wäldern zu sehen. In der Dämmerstunde... krachen die Kanonen... und der vom Meer her wehende Wind, der die gelben Blätter im Park aufwirbelt, stöhnt und klopft an den Turm.«

Der »Turm« wird schon bald pulsierendes Zentrum des literarischen und kulturellen Lebens in St. Petersburg; hier treffen sich an den berühmt gewordenen »Mittwochabenden« Dichter, Literaten, Philosophen, die den »neuen« Strömungen in Literatur und Kunst nahe stehen, Vorträge werden gehalten, man diskutiert über neue Ideen und Ideale.

Eine der wichtigsten neuen Strömungen innerhalb der Literatur ist der Symbolismus. Damals wird der Neologismus »Zhizne-tvorchestvo« geprägt, ein Wort, für das im Deutschen kein Äquivalent existiert. Es setzt sich zusammen aus den Worten »zhizn« – Leben und »tvorchestvo« – Werk, künstlerisches Schaffen.

»DIE SYMBOLISTEN wollten den Schriftsteller nicht vom Menschen, die literarische Biographie nicht von der persönlichen trennen. Der Symbolismus wollte nicht ausschließlich literarische Schule oder künstlerische Strömung sein. Er versuchte immer, Methode zu werden, die Leben und Kunst vereint, und darin war seine tiefe und vielleicht nicht zu realisierende Wahrheit, jedoch bestimmte das Streben nach dieser Wahrheit seine gesamte Geschichte. Es gab eine ganze Reihe von Versuchen, bisweilen sogar wahrhaft heroische, zu dieser Vereinigung von Leben und Kunst zu gelangen. [...] Der Symbolismus suchte beständig den Genius in seiner Mitte, der es vermochte, Leben und Kunst zu einem Ganzen vereinigen. Wir wissen heute, daß dieser Genius nicht gefunden, die Formel nicht entdeckt wurde. Das alles führte dazu, daß die Geschichte des Symbolismus zu einer Geschichte der zerstörten Leben geworden ist.«[1]

In diese geistige Atmosphäre tauchten Lidija Zinovjeva-Annibal und Vjatscheslav Ivanov nach ihrer Rückkehr nach St. Petersburg ein. Sie waren auf der Suche nach neuen, lebendigen Beziehungen zwischen den Menschen. Sie suchten eine neue Geistigkeit, die Fleisch und Blut werden soll, suchten Menschen für eine neue, zukünftige Gemeinde. Ausdruck dieser Suche waren zunächst die Jours fixes, die in der platonischen Tradition des Symposions abgehalten wurden; sie begannen spät am Abend und dauerten oft bis tief in die Nacht.

In dem halbrunden Erkerzimmer, in dem die Versammlungen stattfanden, war ein Tisch an die Wand gerückt worden; man saß auf dem Boden, die ganze Wohnung war von Kerzenlicht erleuchtet. In Lidijas Zimmer, ganz in Orange gehalten, lagen entlang der Wände Matratzen auf dem

Boden, darauf Kissen in den verschiedensten Farben; außer dem bunt bemalten Holzgefäß, in dem sie ihre Manuskripte aufbewahrte, befand sich sonst nichts in dem Raum. Lidija selbst empfing ihre Gäste in griechischen Chitons, ein Tuch über die Schulter geworfen:

»Ihre Gestalt glich den Sibyllengestalten von Michelangelo, die Haltung ihres Kopfes hatte etwas Löwenartiges… Aber das Eigentümlichste an ihr waren ihre Farben: die Haare blond, ins Rosa schimmernd, die Haut aber dunkel, was das Weiße ihrer grauen Augen sehr leuchtend machte. […] Lidija trug auch im Alltag eine Tunika und drapierte ihre mächtigen, schönen Arme mit einer Toga. Die Zusammenstellung der Farben war sehr gewagt.«[2]

Man spricht und diskutiert über Themen, die damals die russische Intelligenzija beschäftigen: über die Frage des Geschlechtes, über den »Eros« und den Dionysos-Kult. Vjatscheslav Ivanaov, der sich seit den 1890er Jahren mit der Philosophie Nietzsches auseinandergesetzt hatte, hielt den Eros für das Wesentliche allen menschlichen Seins, seine Philosophie vereinte Ethik und Ästhetik zur Erotik.

»Nietzsche wurde zum immer stärkeren und mächtigeren Herrscher über meine Gedanken. Diese Beschäftigung mit Nietzsche half mir bei der im Jahr 1895 bevorstehenden Wahl zwischen der tiefen und zärtlichen Verbundenheit, zu der meine Verliebtheit zu meiner Ehefrau geworden war, und der neuen Liebe, die mich ganz ergriffen hatte, die von diesem Zeitpunkt an und mein ganzes Leben weiter wachsen und tiefer werden sollte, die mir und derjenigen, die ich liebte, jedoch in den ersten Tagen als verbrecherische, dunkle, dämonische Leidenschaft erschien.«

In Lidija Zinovjeva-Annibal sah Vjatscheslav Ivanov das

dionysische Prinzip verkörpert, und seine Wahrnehmung
ihrer Liebe ist mit seinen philosophischen Ideen aufs eng-
ste verknüpft. Durch sie fühlte er sich den dionysischen
Kräften des Universums nahe, denen er sich vor der Bekanntschaft mit ihr nur vom akademischen, intellektuellen
Standpunkt aus nähern konnte. Der symbolistische Theoretiker und Philosoph Nikolaj Berdjaev beschreibt die Ver-
schiedenheit der beiden Liebenden:
»Lidija Zinovjeva-Annibal war von ganz anderer Natur als
Vjatscheslav Ivanov, sie war dionysischer, wilder, heftiger,
ihrem Temperament nach revolutionärer, elementarer,
beständig vorwärts und aufwärts strebend. Diese elementa-
re weibliche Natur, verbunden mit dem feinen Akade-
mismus Ivanovs schaffte eine talentierte, poetisch geformte
Atmosphäre der Gemeinschaft.«[3]

ZUM ZEITPUNKT IHRER RÜCKKEHR nach Ruß-
land im Frühjahr 1905 ist Lidija Zinovjeva-Annibal auf
literarischem Gebiet keine völlig Unbekannte mehr. Um die
Jahrhundertwende hatte sie zu schreiben begonnen, mehrere kleine literarische Etüden und Portraits waren bereits
publiziert worden, und 1904 war ihre erste Buchveröffentlichung, das Drama *Kolca* (Ringe) erschienen. 1903 in Paris
begonnen, ist das Drama in drei Akten die erste literarische
Darstellung des Ideals Zinovjeva-Annibals, das in den letzten beiden Jahren ihr Leben bestimmen wird – die Über-
windung des allzu menschlichen Egoismus in der Liebe
durch das Dionysische.
Das Drama handelt von den Beziehungen der drei Haupt-
personen Aglaja, Aleksej, ihrem Ehemann, und Anna, der

Ehefrau von Aglajas verstorbenem Bruder und Geliebte
Aleksejs. In jedem der drei Akte wird eine bestimmte Stufe
der spirituellen Entwicklung Aglajas, der wichtigsten Person in diesem Dreiecksverhältnis, geschildert.

In einer an Anna gerichteten Rede erklärt Aglaja, es sei
nicht wichtig, wie man lebe, wenn man von der Flamme der
Liebe ergriffen sei. Es mögen sich zwei Menschen lieben
oder auch drei – vor der Liebe, die einzig und absolut ist
und keine anderen Kriterien oder moralische Imperative
anerkennt, vor dieser Liebe ist alles gleich.

ANFANG 1906 ist der »Turm« mit seinen Jours fixes an den
Mittwochabenden mittlerweile zu einer St. Petersburger
Institution geworden; man geht hin, um auch dort gewesen
zu sein, um mitreden zu können. An manchen Abenden
drängen sich mehr als fünfzig Besucher in der Wohnung.

Sogar die zaristischen Sicherheitsbehörden hatten ihr Interesse an den Versammlungen schon spüren lassen, sie
vermuteten wohl revolutionäre Umtriebe und hielten dies
für Anlaß genug, am Abend des 28. Dezember 1905 eine
polizeiliche Durchsuchung der Wohnung und aller Anwesenden vorzunehmen. Die Besucher wurden bis spät in die
Nacht festgehalten und befragt, die Mutter des jungen
Dichters Max Woloschin wurde sogar kurze Zeit in Untersuchungshaft genommen.

Natürlich verlief die Durchsuchung für die Behörden
ergebnislos. Dieser Zirkel wollte mit seinen Ideen nicht den
Staat, sondern das Individuum revolutionieren, ein für die
herrschende Ordnung ungefährliches, für die Beteiligten
selbst jedoch um so risikoreicheres Unterfangen.

Mehr und mehr entfernen sich die Versammlungen jedoch
von dem, was die Gastgeber ursprünglich gewollt haben;
traditionelle Formen setzen sich durch, die Abende bekommen so bisweilen einen universitären und akademischen
Charakter, der ganz besonders den Absichten Lidijas zuwi-
derläuft. In einem Brief vom 19. Januar 1906 beschreibt sie
die Rebellion gegen diese Entwicklung:

»Es begann – oh weh! – Gabrilovitsch zu sprechen und
sogar vorzulesen. [...] Über Philosophie und Religion, bei
Adam angefangen, und über noch anderes mehr usw. Rebellion! Rebellion! Ich trete in das Vorzimmer... man sagt
mir: ›Was soll das, Lidija Dimitrievna, so geht das nicht. Was
wir wollen, ist ein lebendiger Austausch von Meinungen,
nicht Vorlesungen.‹ ›Widerwärtig! Was sollen wir tun?‹ [...]
›Laßt uns rebellieren. Nehmen wir ihm die Zuhörer weg!‹
Ich gehe zur Tür, rufe flüsternd herbei, winke mit roten
Armen. Einer nach dem anderen kommt heraus. Das Vorzimmer füllt sich. Auch Vjatscheslav springt herbei, tadelt
uns, doch wir rebellieren, ohne nachzugeben. [...] Endlich
schlage ich vor, eine parallele, doch poetische Versammlung abzuhalten. Wir schließen uns im Schlafzimmer
Vjatscheslavs ein, in dem die schwach leuchtende gelbe
Laterne hängt und sein Bett steht, das mit einem persischen
Schal zugedeckt ist.

Zunächst setzten wir, die Frauen, uns auf das Bett, dann, als
ich etwa 15 Rebellierende männlichen Geschlechtes erblickte, die ohne Sitzplätze waren, sprang ich auf und setzte mich nach Türkenart auf den Boden. Es bildete sich ein
Kreis auf dem Boden, und die Versammlung begann. Doch
alles ›nicht so, wie bei ihnen‹, also ohne Vorsitzenden usw.
[...] Mit der Zeit hatten die Mystiker und Metaphysiker

drüben keine Zuhörer mehr und kamen später selbst begeistert zu uns, an unseren halbdunklen Zufluchtsort, hinüber.«

Zu den Besuchern der Mittwochabende gehörte seit Anfang des Jahres 1906 ein junger Komponist und Dichter mit Namen Michail Kuzmin, der bald durch seinen Roman *Krylja* (Flügel) bekannt werden sollte.

In seinem Roman behandelt Kuzmin – zum ersten Mal in der russischen Literatur – die Liebe zweier Männer, eines Schülers und seines Lehrers, zueinander; diese Liebe verleiht dem jungen Mann, der lange zweifelt und vor den als illegitim empfundenen Gefühlen zu fliehen versucht, endlich, als er seine Zweifel überwunden hat und sich seiner Gefühle nicht mehr schämt, Flügel und damit die Freiheit.

Michail Kuzmin gehört bald zu den engsten Freunden Lidija Zinovjeva-Annibals und Vjatscheslav Ivanovs; einige Monate nach ihrer Bekanntschaft zieht er zu dem Ehepaar in den »Turm« und wird dort einige Jahre leben.

Seit dem Frühjahr 1906 beginnt sich – parallel zu den Jours fixes an den Mittwochabenden, die weiterhin abgehalten werden – eine Gruppe von Auserwählten, zu der Michail Kuzmin, der Musikkritiker und Komponist Walter Nuvel, der Maler Konstantin Somov und der junge Dichter Sergej Gorodeckij zählen, zu den »Hafiz-Abendmahlen« zu treffen. Lidija Zinovjeva-Annibal ist die einzige Frau, der die Teilnahme an diesen Versammlungen gestattet ist.

Die »Hafiz-Abendmahle« sind ein neuer Schritt auf dem Weg, eine ideale »Spiritualität der Gemeinschaft« zu erreichen, in der die Grenzen der individuellen Liebe zu zweit aufgehoben sind. Man trägt Kostüme und nennt sich bei anderen Namen. Lidija Zinovjeva-Annibal ist Diotima, die

Künderin göttlicher Wahrheiten, Hohepriesterin, die eine neue Liebeslehre verkündet. Sie begeistert sich für die Idee, solche Abende ausschließlich für Frauen ins Leben zu rufen. Im Juli 1906 schreibt sie in einem Brief: »Wir werden uns kleiden, werden neue Werke darbringen und, mag sein, verschiedene Themen erörtern. Wir werden schön sein und glücklich miteinander.«

DIE BEZIEHUNG zwischen Lidija und Vjatscheslav hat in diesen Monaten jedoch einen Tiefpunkt erreicht. Ihre leidenschaftliche Liebe zueinander ist in eine Krise geraten; sie streiten sich oft und heftig, Lidija scheint hin- und hergerissen zwischen ihrer Liebe zu Vjatscheslav und dem Wunsch nach Freiheit und Emanzipation von ihm.

In dieser Zeit, als die Liebe ihnen aus den Händen zu gleiten droht, entwickelt Vjatscheslav Ivanov ein neues Ideal. Es scheint ihm möglich, daß zwei Menschen, die durch ihre Liebe ganz eins geworden sind – wie Lidija und er – einen dritten in ihre Gemeinschaft aufnehmen; diese »Verbindung dreier« ist der Anfang der neuen Menschengemeinschaft, in der der Mensch frei von Egoismus und Eifersucht und die Liebe nicht mehr ausschließlich an eine einzige Person gebunden ist.

Lidija Zinovjeva-Annibal und Vjatscheslav Ivanov entscheiden sich, den Versuch zu unternehmen, ihr Ideal der »Verbindung zu dritt« in die Wirklichkeit umzusetzen. Der junge Dichter Sergej Gorodeckij wird Ivanovs Protégé; Ivanov unterrichtet ihn in Griechisch und Verslehre und weiht ihn in die Geheimnisse des Dionysos-Kultes ein – ein Lehrer-Schüler-Verhältnis platonischer Prägung.

Mitte Juni 1906 reist Lidija zu ihren Kindern in die Schweiz
und erhält dort 16 Briefe von Ivanov aus St. Petersburg, in
dem er ihr sein Verhältnis zu dem Schüler schildert. Noch
kein Monat ist seit der Abreise Lidijas vergangen, als Ivanov
ihr am 8. Juli 1906 schreibt: »Er war betörend und ich
glücklich. Ich weiß nicht, ob dieses Spiel Selbstbetrug ist,
Wiederholung von etwas schon einmal Dagewesenem –
doch ich war die ganze Zeit glücklich und erfüllt von dem
Beben der Verliebtheit, wie damals am Anfang in Florenz...«

Lidija versteht sofort, was »Florenz« bedeutet: es ist die
Metapher für den Beginn der Liebe zwischen ihr und
Vjatscheslav. »Florenz hat den schwach schwelenden Fun-
ken der Liebe, den Du bei unserem ersten Treffen entzün-
det hast, zum Brennen gebracht«, schrieb Lidija damals, am
12. Juni 1895, in einem Brief an Vjatscheslav.

In der Schweiz schreibt Lidija Zinovjeva-Annibal die Erzählung *Dreiunddreißig Ungeheuer,* die sie Vjatscheslav
Ivanov widmet. In Form eines fiktiven Tagebuchs beschreibt
sie die Liebe der Schauspielerin Vera zu ihrer jungen
Geliebten. Vera ist erfüllt von der Idee, ihre Geliebte, welche die vollendete Schönheit verkörpert, »den Menschen
geben« zu wollen. Diese Idee wird realisiert in dem Versuch,
die Schönheit der jungen Frau in Portraits der Künst-
lergruppe der »Dreiunddreißig Maler« für die Ewigkeit fest-
zuhalten. Nachdem das Experiment begonnen hat, befindet
sich Vera in einem Zustand der Glückseligkeit. Eifersüchtig
aber wacht sie über jede Regung ihrer jungen Freundin und
sucht jeden ihrer Gedanken zu erhaschen. So wächst die
Erkenntnis, daß ihre Geliebte für sie verloren und daß der
Versuch gescheitert ist, durch das Opfer eine vollkomme-

nere Form der Liebe zu erreichen. In ihrer Verzweiflung setzt Vera ihrem Leben ein Ende.

Die Erzählung kann auch als hellsichtige Warnung Lidijas gelesen werden, als Warnung vor der Tragödie, zu der die Experimente auch im eigenen Leben führen können. Es ist, als ob sie, die erkannt hat, daß sie an dem Opfer, zu dem sie noch immer bereit ist, zerbrechen kann, sagen wollte: »Laß uns aufhören, bevor es zu spät ist.«

DIE NÄCHSTEN MONATE sind für Lidija von Verzweiflung geprägt, die sie Ivanov nicht spüren lassen will; in einem Brief an Gorodeckij vom 27. Oktober 1906 beschreibt sie ihre Gefühle:

»So taubstumm habe ich noch nie empfunden. Ich schreibe Ihnen, denn eine schwindelerregende Verzweiflung (und eine solche Verzweiflung kannte ich bislang nicht) schreit in mir, daß ein Wort gefunden werden muß, ein solches Wort, das das Taubstumme zu zerreißen vermag und Ihnen mein wahres Gesicht zeigt. Das sogar mir selbst verborgen ist. Werde ich es durch Sie verstehen? Ich habe mich selbst verloren, und dies ist so furchterregend und wortlostaub. […] Ich liebe Sie, vermutlich, im einfachsten Sinne dieses Wortes, doch mit einer solch blutenden Weisheit, die Blinde Entsagung zu nennen pflegen. So unbewußt, elementar liebte ich niemals, so gegen die eigene Billigung. Denn, erstens: Ich bin alt, und Sie sind jung […] und, zweitens, liebt er wild uns beide, ich aber liebe Vjatscheslav, wie ich ihn immer geliebt habe, mit jeder Faser meines Körpers… Ich schreibe dies und denke: Wozu? Werde ich nicht alles zugrunde richten?«

Der Brief endet zunächst mit einer Bestärkung des eigenen
Ich: »Ich lebe für mich selbst, nicht für andere. Nicht für
Vjatscheslav und nicht für Sie.« Doch in einem mit »Dioti-
ma« unterschriebenen Postskriptum fordert sie Gorodeckijs
Vertrauen in ihre Liebe: »Glauben Sie noch einmal an mich.
Ich bin Diotima. Ich vermag Ihr Leben beschützend in lie-
bende Hände zu nehmen, ohne daß Sie Ihre Freiheit, Ihre
Kunst oder Ihr Herz verlören.«

Es scheint, als ob sie, nachdem sie alles Leid niedergeschrieben hat, doch bereit ist, das Experiment weiterzu-
führen; doch diese Bereitschaft ist verbunden mit einer
Entfernung von sich selbst – es ist Diotima, und nicht
Lidija, die Gorodeckij beschwört.

Lidija fühlt und weiß, daß zwischen Ivanov und Gorodeckij
etwas ist, das zwischen ihr und Ivanov nicht (mehr) ist, von
dem sie ausgeschlossen ist; Ivanov hatte ihr ja selbst in
einem der Briefe in die Schweiz geschrieben: »Unsere
Leidenschaft war nicht einfach das, was die Liebe zwischen
Mann und Frau ist, sie war die Liebe zweier Genies.« Und
sie weiß und fühlt, daß die Eifersucht, die sie zwar abstrei-
tet – sie nennt das Gefühl »Neid« –, aber doch empfindet,
bei Vjatscheslav nicht auf Verständnis hoffen kann.

ETWA DREI MONATE nach Lidijas Rückkehr nach St.
Petersburg erkennen Vjatscheslav und sie, daß der Versuch,
die »Verbindung zu dritt« zu leben, gescheitert ist –
Gorodeckij, ein junger Mann von zweiundzwanzig Jahren,
scheint von Ivanovs Ansprüchen schließlich einigermaßen
überfordert gewesen zu sein und kann die an ihn gestellten
Erwartungen nicht erfüllen.

Doch das Experiment soll noch einmal gewagt werden, Lidija ist noch einmal bereit, das Opfer der Entsagung darzubringen. In einem im November 1906 an Vjatscheslav geschriebenen Brief beschreibt sie ihre »über alles heiligen Tränen«, die sie über »höchste Verzweiflung und reichsten Reichtum« weint. »Dies sind die heiligsten Tränen meines Lebens. Und im Geiste bete ich die furchtbarsten und ergebensten Gebete, daß das Unmögliche möglich werde, ich weiß nicht, ich weiß nicht, daß nichts Schaden nehme, daß die Seele und ihr Höchstes, Unausgesprochenes möglich werde. [...] Du wirst glückselig sein, wie auch meine Tränen der Verzweiflung glückselig sind.«

Zur selben Zeit nimmt ein junges Ehepaar, der Dichter Max Woloschin und die Malerin Margarita Sabaschnikova-Woloschina, seinen Wohnsitz im selben Haus wie Zinovjeva-Annibal und Ivanov. Die junge Margarita wird auserwählt, die dritte zu sein. Voller Begeisterung für das ungewöhnliche Leben Zinovjeva-Annibals und Ivanovs kann sie noch nicht ermessen, was von ihr erwartet wird: »Bei meinem ersten Besuch empfand ich nur das außerordentlich intensive, für mich noch geheimnisvolle Leben der beiden. Sie brachten etwas Neues aus ihrer Gemeinsamkeit, sie wollten etwas vorleben, eine Idee, die leidenschaftlich erfaßt war. ›Was ist es?‹ fragte ich mich.«

Einige Zeit später, als Margarita zu verstehen beginnt, daß Lidija in ihrem Opfer die einzige Möglichkeit sieht, »auf allen Wegen die Gefährtin ihres Mannes zu bleiben«, versucht sie sich zurückzuziehen: »Ich fühlte mich so erfüllt und getragen durch die beglückende Freundschaft mit Lidija und Vjatscheslav, mit denen ich ganz einig zu sein glaubte. Bald wurde mir klar, daß Vjatscheslav mich liebte.

Ich sagte es Lidija und fügte hinzu: ›Ich muß gehen.‹ Sie aber, für die diese Tatsache längst eine Selbstverständlichkeit war, erwiderte mir: ›Du bist in unser Leben gekommen und gehörst zu uns. Würdest du gehen, so bliebe zwischen uns etwas Totes auf immer. Wir beide können dich nicht mehr entbehren.‹«

Es ist Lidija, die auf der Fortführung des Experimentes besteht, denn sie will glauben, daß es gelingen kann: »Das Leben hat die Wurzeln meines Lebensbaumes an der Stelle, an der sich der Stamm der Liebe zu zweit in die Höhe streckte, beschnitten. Und hat andere Wurzeln gesetzt.«

ZU OSTERN des Jahres 1907 reist Margarita Sabaschnikova-Woloschin zu ihren Eltern nach Moskau. Es ist geplant, die Sommermonate auf dem Landsitz der Sabaschnikovs zu dritt zu verbringen; Margaritas Mutter ist von den Erzählungen ihrer Tochter, die sich »der Ehrlichkeit verpflichtet fühlt«, entsetzt und verbietet ihr den weiteren Umgang mit Lidija und Vjatscheslav. Der gemeinsame Aufenthalt auf Bogdanovschina muß abgesagt werden.

Im April 1907 erhalten Lidija und Vjatscheslav einen Brief Margaritas aus Moskau, in dem sie ihre Gefühle zu erklären versucht: »Lidija, Einzige, Liebe, Du schreibst, der einzige Ausweg bestehe darin, daß Du mit Vjatscheslav für mich zu einem Ganzen verschmilzt, und ich mit ihm für Dich. Mein Empfinden für Euch ist, da ich Euch als ein Ganzes sehe, eine tiefe, zärtliche, freundschaftliche Liebe. Jeder von Euch ist mir als einzelner näher. In den Minuten, in denen ich für Vjatscheslav eine wahrhaft erotische Liebe verspüre, gibt es für mich nur ihn. […] Wenn Ihr zusammen seid,

bin ich nicht verliebt und kann mit Eurem Leben nicht ver-
schmelzen. Diese Zwiespältigkeit ist in mir, und aus ihr vielleicht entspringt die Lüge, mit der ich nicht leben kann.«
Im Juni reisen Zinovjeva-Annibal und Ivanov nach Zagor'e,
wo sie in einem »großen, sonnigen, von Felddüften durch-
wehten« Landhaus die Sommermonate verbringen. Dort
erhalten sie einen weiteren Brief Margaritas, in dem diese
schreibt, sie habe nun endlich erkannt, daß nur die Liebe
zu zweit, die Liebe zwischen Lidija und Vjatscheslav, »hei-
lig« sei.
Lidija versucht sie nochmals von der Richtigkeit ihres
Ideals zu überzeugen: »Niemand hat das Recht, dem Leben
zu entsagen. Das Geschehene ist geschehen... Er sagt oft:
›Wenn wir doch wieder zu zweit leben könnten.‹ (Wie im
Jahr vor Gorodeckij und Dir). Doch gleich darauf sagt er,
daß er tiefste Sehnsucht nach Dir empfindet. Und dies ist
die Wahrheit. Du mußt kommen, hierher, geschehe, was
geschehen soll. Hier entscheiden wir unser weiteres Schick-
sal.«
Auf dem Weg nach Koktebel zu ihrem Ehemann Max
Woloschin reiste Margarita ohne Wissen ihrer Eltern tat-
sächlich zu Zinovjeva-Annibal und Ivanov nach Zagor'e.
Lidija fand sie ihr gegenüber »zurückhaltender als früher«.
Die letzten Worte Lidijas an Margarita waren: »Wollen wir
weiterleben und dem Leben vertrauen.« Lidija wollte dem
Leben vertrauen...
Tatsächlich sollte sich das Schicksal Lidija Zinovjeva-
Annibals auf dem Landsitz in Zagor'e entscheiden. In
einem nahe gelegenen Dorf war eine Scharlach-Epidemie
ausgebrochen, und Lidija Zinovjeva-Annibal half bei der
Krankenpflege. Sie erkrankte ebenfalls und starb, zweiund-

vierzigjährig, kurz vor der geplanten Rückkehr nach St.
Petersburg, innerhalb von sieben Tagen am 22. Oktober
1907.

Anmerkungen:

1 V. I. Xodasevich: Nekropol'. Vospominanija. Paris, 1939, S. 8.

2 M. Woloschin: Die grüne Schlange. Lebenserinnerungen einer Malerin. Hamburg, 1982.

3 N. Berdjaev: »Ivanovskie sredy«. In: Vengerov, S. A.: Russkaja literatura XX. veka, 1890–1910. Moskau 1921, Bd. 3, Buch 8, S. 81–96. S. 98.

Nina Berberova
Baronin Mura Budberg

**Den Titel Baronin Budberg hatte sie durch ihre zweite
Heirat erlangt. Leidenschaftliche Liebesaffären verban-
den sie aber mit dem englischen Diplomaten Sir Bruce
Lockhart, Maxim Gorki und H.G. Wells, mit dem sie bis
zu dessen Tod 1946 zusammenlebte. Nina Berberova
schrieb 50 Jahre nach ihrer Begegnung mit ihr über
Mura.**

»WER WAR DAS?« fragten mich meine Freunde, als sie
erfuhren, daß ich ein Buch über Marija Ignatjewna Sa-
krewskaja-Benckendorff-Budberg (genannt Mura) schrieb.
»Eine Mata Hari? Eine Lou Salomé?«
Tatsächlich hatte sie etwas von der einen, der berühmten
Abenteurerin, Spionin und Filmschauspielerin, wie auch
von der anderen, der Tochter eines russischen Generals, die
Nietzsche, Rilke und Freud fesselte. Aber ich will Mura
weder bewerten, noch über sie richten, ich will dem Leser
nicht meine Meinung über sie aufdrängen und auch kein
Urteil über sie fällen. Ich will versuchen, alles über sie zu
erzählen, was ich weiß. In meiner Reichweite gibt es nie-
manden mehr, der sie vor 1940 oder auch nur vor 1950

gekannt hätte. In den letzten zehn Jahren wartete ich immer darauf, daß irgend etwas über sie erschiene. Aber die Zeitgenossen, die sie vor dem Zweiten Weltkrieg kannten, sind nach und nach verschwunden. Übriggeblieben sind diejenigen, die nur das von ihr wissen, was sie selbst über sich erzählt hat. Manch einer erinnerte sich noch an sie, schrieb über sie oder erzählte mir von ihr, aber es waren fast immer dieselben Anekdoten über ihr Alter: Sie war sehr dick und sehr geschwätzig geworden, und wenn sie etwas getrunken hatte, betätigte sie sich als Kupplerin und lästerte gern; manchmal erinnerte sie an einen alten Clown. Ich habe drei Jahre lang mit ihr unter einem Dach gelebt und meine Aufzeichnungen aus der Zeit aufgehoben (kein Tagebuch, sondern datierte Notizen und einige Aufzeichnungen über Gespräche mit ihr); wir hatten ein gutes, aber kein sehr enges Verhältnis; es entbehrte jeder emotionalen Färbung.

DIE BEIDEN EHEN Muras, die in ihrem Leben keine besondere Rolle spielten, zerbrachen an der russischen Katastrophe, ja, sie wurden durch sie beendet. Mura gehörte einem Land, einer Epoche, einer Klasse an, aus der jeder zweite vernichtet wurde. Mura kämpfte, schloß Kompromisse und überlebte.

Schon 1938, wie auch später – 1958 und 1978 – wußte ich, daß ich ein Buch über sie schreiben würde. Ihr Leben, ihre Jugend, ihr Kampf, die Art, wie sie überlebte, das alles mußte festgehalten werden. In England tauchte ihr Name mehrere Male in Erinnerungen, Tagebüchern und Briefwechseln auf, in der Londoner *Times* erschien sogar ein

Baronin Mura Budberg

Nachruf auf sie. Aber alles, was über sie geschrieben wurde, beruhte auf ihren eigenen Schilderungen, und als ich begann, ihre Selbstaussagen zu überprüfen, stellte ich fest, daß sie ihr ganzes Leben lang Lügen über sich verbreitet hatte. »Zu meiner Zeit« zweifelte indes niemand an ihren Worten. Sie hat uns alle getäuscht.

ZWÖLF JAHRE LANG lebte sie mit Gorki zusammen, aber in der sowjetischen Literaturwissenschaft finden sich keine An-gaben zu ihrer Person: In drei, vier Fällen, in denen ihr Name erwähnt wird, heißt es in einer Fußnote: M. I. Budberg (der Titel »Baronin« fehlt), geborene Sakrewskaja, in erster Ehe verheiratete Benckendorff, eine Zeitlang Gorkis Sekretärin und Übersetzerin und offenbar eine halbe Ausländerin, lebte bis zu ihrem Tod in London. Gorki hat ihr seinen vierbändigen (unvollendeten, letzten) Roman *Das Leben des Klim Samgin* gewidmet, aber auch zu dieser Widmung findet sich nirgendwo eine Anmerkung. Niemals wird Mura im Zusammenhang mit ihrem ersten Liebhaber, Robert Bruce Lockhart (später Sir Robert) erwähnt, der wie das »Lockhart-Komplott« vom Jahre 1918 (unter dem Buchstaben L) in die *Große Sowjetische Enzyklopädie* eingegangen ist; und auch nicht im Zusammenhang mit dem berühmten englischen Schriftsteller H. G. Wells, mit dem sie von 1933, als Gorki nach Rußland zurückkehrte, bis 1946, als Wells starb, eine »Ehe ohne Trauschein« führte. In den Erinnerungen des Kreml-Kommandanten Malkow, der Lockhart und sie 1918 verhaftete, erscheint sie als »eine gewisse Mura, seine Lebensgefährtin«, die er in Lockharts Wohnung vorgefunden habe.

Den drei Männern, die in Muras Leben eine bedeutende Rolle spielten, waren postum verschiedene Schicksale beschieden: Der sprühende, scharfsinnige, charmante und feinfühlige Lockhart lebt in seinen Memoiren und Tagebüchern weiter. Im Alter war er eine Berühmtheit, ein Mann von Welt mit besten Verbindungen, doch die sowjetischen Schriftsteller, Dramatiker und Historiker bewarfen ihn mit Schmutz: Sie beschrieben ihn in ihren Werken als bestechlichen und gewöhnlichen Spion, als eigennützigen Dummkopf und imperialistischen Agenten, als aufgeblasenen, dünkelhaften Snob.

Das lange Leben H. G. Wells' wurde in Biographien und Aufsätzen nachgezeichnet, mitsamt seinen persönlichen Problemen und den gesellschaftlichen und politischen Fragen, die ihn in seinen letzten Lebensjahren quälten. Über sein gemeinsames Leben mit Mura hingegen finden wir keine Einzelheiten, obwohl ihre langjährige enge Beziehung eine große Rolle beim Verhältnis des Schriftstellers zu Rußland und bei seiner Enttäuschung über die Oktoberrevolution spielte, die seine letzten Jahre überschattete. Seine Arbeiten aus den dreißiger und vierziger Jahren wurden bis heute nicht ins Russische übersetzt, und die sowjetischen Kritiker, die sie erwähnten, beschreiben sie als »geprägt von satirischen Tendenzen«. Seine düstere Verfassung vor dem Tod wird als die versöhnliche Stimmung eines großen Mannes interpretiert, der schließlich zu der Überzeugung gelangt sei, die Kommunistische Partei Großbritanniens sei »seine letzte Hoffnung«.

Über Gorki gibt es bislang keine Biographie – die nur 123 Seiten umfassende, für den Schulgebrauch bestimmte Darstellung seines Lebens kann hier getrost vernachlässigt werden. Von seinen Briefen wurden bei weitem noch nicht alle publiziert und viele nur in Auszügen, Fotos von ihm wurden vom Zensor mit der Schere bearbeitet. Die Beziehungen zu seinen Zeitgenossen wurden verfälscht dargestellt. Die drei Bände der *Letopis schisni i twortschestwa A. M. Gorkogo* (Chronik des Lebens und Werks von Maxim Gorki) sind voller Fehler und Unstimmigkeiten. Namen, die im Register stehen, fehlen im Text, und Namen aus dem Text fehlen im Register.

ICH SAGTE, Mura habe uns alle getäuscht. Sie log, aber natürlich log sie nicht wie eine gewöhnliche Mythomanin oder wie irgendeine dumme Gans. Ihre Lügen waren durchdacht und klug; immerhin galt sie in der Londoner Society als die klügste Frau ihrer Zeit (vergleiche die Tagebücher von Harold Nicolson). Aber es ist ihr nichts ohne Anstrengung in den Schoß gefallen, nein, das war kein blindes Glück! Um zu überleben, mußte sie wachsam, geschickt und mutig sein und sich von Anfang an mit einer Legende umgeben.

Sie liebte die Männer, nicht nur ihre drei Liebhaber, sondern Männer allgemein; und sie machte kein Hehl daraus, obwohl ihr klar war, daß es andere Frauen abstieß und schockierte, Männer aber erregte und verwirrte. Sie setzte ihre sexuelle Anziehungskraft ein, sie suchte das Neue und wußte, wo sie es finden konnte. Und die Männer wußten das, sie merkten es ihr an, und wenn sie sich auf sie einließen, verliebten sie sich leidenschaftlich in sie. Weder moralische Erwägungen noch geheuchelte Prüderie, noch die üblichen Tabus beeinträchtigten ihre Hingabe. Sex lag ihr im Blut, auf diesem Gebiet mußte sie nichts lernen, mußte sich nicht verstellen, um zu überleben. Sie war frei – und das lange vor der allgemeinen »Befreiung der Frau«.

In ihrem Leben gab es keinen Platz für die Ehe als Dauereinrichtung, für Kinder (sie hatte zwei, aber nur, weil, wie sie mir einst sagte, »alle Leute Kinder haben«), für Verwandte oder familiäre Bindungen; sie dachte nicht daran, dem morgigen Tag oder ihrem Bankkonto zu trauen, und an die Unsterblichkeit verschwendete sie keinen Gedanken. Darin unterschied sie sich nicht von ihren Zeitgenossen in Europa nach dem Krieg und in Rußland nach der Revolution. In vieler Hinsicht war sie ihrer Zeit voraus. Wenn sie etwas im Leben brauchte, dann war es nur die von ihr selbst geschaffene Legende, ihr eigener Mythos, den sie ihr ganzes Leben lang kultivierte, ausschmückte und festigte. Die Männer, die sie umgaben, waren begabt, intelligent und unabhängig, und in ihrer Gesellschaft sprühte Mura nur so vor Leben, bis der Funke schließlich auf die Männer übersprang und auch sie brillant werden ließ. Sie war sich ihres Verhaltens bewußt und übernahm für jede ihrer Handlungen auch die Verantwortung. Vor ihrem Tod sagte sie, sie habe alle ihre Papiere verbrannt; diejenigen, die sich nach dem Zweiten Weltkrieg bei ihr angesammelt hatten, bewahrte sie in ihrer Londoner Wohnung auf. Die früheren aus den Jahren 1920 bis 1939 hatte sie nach Tallinn in Estland geschickt. Sie verbrannten (so sagte sie), als sich die Deutschen zurückzogen und die sowjetische Armee Tallinn einnahm. Entspricht das der Wahrheit? Oder war das, was sie damals ihrer Tochter über das Schicksal der Papiere berichtete, auch eine Lüge? Vielleicht. Vielleicht kommen sie eines Tages auch wieder zum Vorschein.

Ich lernte sie kennen, als ich zwanzig Jahre alt war, und fünfzig Jahre später schreibe ich ein Buch über sie. Aber kannte ich sie damals wirklich? Sicher, wenn jemanden zu kennen bedeutet, einen Menschen drei Jahre lang gesehen, ihm zugehört und mit ihm zusammengelebt zu haben. Aber so, wie ich sie heute kenne, kannte ich sie damals nicht. In all den Jahren habe ich so vieles über sie erfahren, soviel an sie gedacht; ja, ich habe die Wahrheit über sie erfahren, die sie seinerzeit verheimlichte, die Wahrheit, die sie − sobald ein wenig davon ans Licht kam − entstellte, indem sie uns von sich erzählte, ihren Mythos schuf und kultivierte. In jenen Jahren gab sie uns diesen Mythos, aber nie sich selbst.

1970 GAB SIE dem Modejournal *Vogue Magazine* ein langes und ausführliches Interview. Die Interviewerin war Kathleen Tynan, die spätere Autorin eines Buches über Präsident Fords Ehefrau. Sie war mit dem bekannten Theaterkritiker und Dramatiker Kenneth Tynan verheiratet, dessen Stück *Oh, Kalkutta* auf vielen Theatern der westlichen Welt gespielt wurde. Beide waren Freunde von Mura. In dem Interview erzählte Mura ziemlich viel von sich, wobei sie einiges unabsichtlich durcheinanderbrachte und anderes absichtlich verfälschte. Sie griff ihren Mythos wieder auf, schmückte ihn aus und zog seine Konturen nach: Da war sie wieder, die starke, entschlossene und furchtlose Frau, die Muse, Beraterin und Mitarbeiterin der großen Männer ihres Jahrhunderts. Damals hatte sie gerade die *Möwe* von Tschechow für Simone Signoret, Vanessa Redgrave und James Mason »gemacht«. Sie sprach von ihrer be-

wundernswerten Ausdauer und Leistungsfähigkeit, trotz
Arthritis und zweier Operationen; von ihrer Bereitschaft,
von Jugend an, alles im Leben anzunehmen, alle Schwierigkeiten zu überwinden und sich niemals über etwas zu
wundern. Ihr breites Gesicht, mit den im Alter ein wenig
hervorstehenden Backenknochen, der ernste Blick, die
männliche Stimme, ließen keinen Zweifel an ihren Worten
aufkommen. Ihre enge Wohnung sah eher nach 1870 als
nach 1970 aus: alte, mit Samt bezogene Möbel, Bilder, Pra-
linenschachteln, alte Fotografien, Flaschen, verstaubte Nipp-
sachen auf den Regalen und gestickte Tischdecken. Dann
gab es noch einen gestickten Wandteppich mit dem Porträt
Nikolaus' II. und seiner Familie, den Wells ihr geschenkt
hatte, und ein kleines Porträt von Gorki in Öl (das wahrscheinlich Rakizki gemalt hatte). In dem Interview erinnerte sich Mura an das Haus ihres Vaters in Petersburg, im
Rokoko-Stil, wo sie ihre Kindheit verbracht und einst den
Kotillon getanzt hatte. Sie erwähnte die Geschichte ihrer
Freundschaft mit Lockhart, der von der Tscheka verhaftet
und verdächtigt worden war, ein Attentat auf Lenin geplant
zu haben, dann ihre eigene Gefängnishaft nach ihrem
Fluchtversuch aus Petrograd, aus der Gorki sie befreit habe.
Sie ging auf ihre langjährige Freundschaft mit Korda ein,
dem sie geholfen habe, das zu werden, was er geworden sei;
sie habe als Festangestellte für ihn gearbeitet und ihn bei
allen Inszenierungen beraten; nach Kordas Tod habe sie
mit Spiegel an dessen *Lawrence von Arabien* zusammenge-
arbeitet. 1967 hätte sie die *Drei Schwestern* von Tschechow
übersetzt, die »Larry« (Laurence Olivier) mit großem Erfolg
in seinem Theater in London aufgeführt hätte. Sie selbst sei
einige Male (in stummen Rollen) in Kinofilmen aufge-

taucht, zum Beispiel in *Nikolaus und Alexandra*. In diesem Interview wurde die Politik nicht berührt, aber Mura sagte, sie sei der Meinung, daß die neuen Emigranten, die nun aus der Sowjetunion kämen, lieber in ihrer Heimat bleiben sollten; es sei unpatriotisch, den Ort, wo man geboren wurde, zu verlassen und Staatsbürger eines anderen Landes zu werden.

Vieles in diesem Interview klang genauso irreal wie das Intermezzo im Kaufhaus oder ihre Fahrt von Moskau nach Estland im Jahr 1918. Ihre Entschlossenheit und ihr Durchhaltevermögen, auf das sie so stolz war, erschienen in einem trügerischen, leicht künstlichen Licht, und die Konturen der Zeichnung verwischten sich. Aber vielleicht war ihr Erinnerungsvermögen auch nicht mehr so gut wie in alten Zeiten, anfälliger und nicht mehr so wendig, und ihre Einbildungskraft, die nicht mehr so unbeirrt wie früher war, spielte nun mit ihren eigenen Schnörkeln, und das Märchen, das vor mehr als einem halben Jahrhundert entstanden war, begann in den Zeilen der englischen Reporterin plötzlich Fleisch und Blut zu verlieren.

SIE KAM zwischen 1890 und 1900 auf die Welt, das heißt, sie gehörte jener Generation von Russen an, die zu dreiviertel vernichtet wurde – zunächst durch den Ersten Weltkrieg, dann durch den Bürgerkrieg. Ein Teil der Überlebenden kam während des »Roten Terrors« ums Leben, und wer die Oktoberrevolution bejaht hatte, kam in den »Säuberungen« der Stalinära um. Viele von denen, die in die Emigration gingen, beherrschten keine Fremdsprachen und wurden zu Parias, andere kamen sogar als halbe Analphabeten im Ausland an, weil sie keine Gelegenheit hatten, ihre Schulen zu beenden. Die, die zu Beginn der letzten Dekade des vergangenen Jahrhunderts geboren wurden, waren zu früh geboren, um das sich verändernde Rußland akzeptieren zu können, und die, die am Ende des Jahrhunderts geboren waren, bemühten sich, sich in das Leben im Westen zu integrieren, was einigen auch gelungen ist. Es gab andere – und nicht gerade wenige –, deren Leben in jungen Jahren in deutschen Konzentrationslagern endete. »Zugrunde gehen« hieß zu dieser Zeit in Rußland und Europa nicht immer zu sterben, es hieß sehr oft weiterzuleben, aber durch Krieg, Gefängnis, Verbannung, Rechtlosigkeit, Armut, Einsamkeit und Exil geknechtet zu sein. Die früher Geborenen waren von den Verlusten traumatisiert, die später Geborenen hatten nicht genügend Kräfte sammeln können, um im Westen ein neues Leben zu beginnen, sich zu verändern und sich zusammen mit dem Jahrhundert zu entwickeln. Und Mura hätte, wie tausend andere, nur verlieren können, wenn nicht jeder Tag und jede Stunde Kampf und eine Herausforderung zum Duell bedeutet hätten. Wie Millionen anderer trat auch sie die Nachfolge der monströsen Prinzipien der Vergangenheit an, der verstümmelnden Tabus und der viktorianischen Vorurteile des 19. Jahrhunderts; sie war auf das Leben ihrer Klasse vorbereitet worden, auf ein leichtes, sattes, müßiges und sinnloses Leben, und dann in eine Welt geworfen, wo alles krachte und einstürzte und sich auch neu formierte, wo im Laufe der nächsten fünfzig Jahre neue Menschen und neue Ideen, neue Kampfmittel und neue Überlebensstrategien, neue Vernichtungsmaschinen und Aufbauphasen die Welt veränderten und verjüngten. In dieser Welt

brach der alte Krempel von sechs oder sieben europäischen
Monarchen zusammen. Die Vorstellung von einer »Groß-
macht«, mit der sie aufgewachsen war, verschwand, und die
»Großen« legten entweder keinen Wert mehr auf ihre Größe
oder benutzten sie, um ihresgleichen zu vernichten.

Ihr, wie ihrer ganzen Klasse, stand Obdachlosigkeit, Angst,
Betteln um Almosen, Wahnsinn und Selbstmord bevor; um
sie herum spielte sich eine Tragödie von historischem Aus-
maß ab, die sich metaphorisch in ihrer Flucht über das Eis
des Finnischen Meerbusens aus der karelischen Tundra
nach Europa widerspiegelt. Aber Mura klammerte sich
nicht an ihre süße und verlogene Vergangenheit, sie gab
sich nicht als hilfloser Parasit, sie versteckte sich nicht vor
den Aufgaben, die das Schicksal für sie bereithielt, und
sie rechtfertigte ihre Fehler nicht mit weiblicher Schwäche.
Kamen ihr die Lügen über ihre Person leicht und locker
über die Lippen oder im Gegenteil schwer und schmerz-
lich? Sie hatte sich zwar ihre aristokratische Abstammung
ausgedacht, aber gleichzeitig gab sie durch ihr ganzes Be-
nehmen den Menschen viel mehr von sich preis, als viele
andere in ihrer Umgebung, und obwohl sie alle ihre Papiere verbrannte, hat sie überall Spuren hinterlassen. Sie verbarg weder ihr Alter noch ihr unglaubliches Gewicht noch
ihr Verlangen nach Alkohol. Mit den Jahren brüstete sie
sich immer mehr mit ihren berühmten Liebhabern und
ihren berühmten Freunden, mit ihren ruhmreichen Vor-
fahren, die ihre Titel aus der Hand des Zaren empfangen
hätten, und ihren schönen Großmüttern, die die Dichter
unsterblich gemacht hätten. Und dann hob sie, ächzend
wegen ihrer Arthritis, ihren weiten Rock und zeigte ihre
riesenhaften geschwollenen Knie und bekannte, daß sie

sich manchmal nicht mehr an den Namen der Straße erinnerte, in der sie lebte, und daß sie nun mehr als alles auf der Welt gutes, schweres Essen und süße Getränke liebte.

Sie war unter Menschen aufgewachsen, die für ihre Erlösung in einem zukünftigen Leben lebten (oder zumindest so taten) und glaubten, im Jenseits für alles belohnt zu werden, dann lebte sie unter Menschen, die für die zukünftigen Generationen lebten und glaubten (oder sich bemühten zu glauben), daß die Welt in jeder Hinsicht einem glänzenden Fortschritt zustrebe, der allen zuteil werde; aber Mura persönlich lebte für das Jetzt und Hier, anders konnte sie nicht leben. Sie lebte für das Leben selbst, und darin sah sie den einzigen ihr verständlichen Sinn.

IM HERBST 1974 zog sie nach Italien um, und zwei Monate später, am 2. November, erschienen in der Londoner *Times* eine Todesanzeige und ein Nachruf über zwei Zeitungsspalten. Er trug den Titel: »Ein intellektueller Führer«. Die *Times* vertrat die Meinung, sie sei einer der »intellektuellen Führer »des neuen England gewesen. Vierzig Jahre lang habe sie im Zentrum des Londoner intellektuellen und aristokratischen Lebens gestanden, zu verschiedenen Zeiten habe sie das »Bett« mit Wells, Gorki und Sir Robert Bruce Lockhart »geteilt« und ihre Beziehung zu ihnen, von der alle wußten, nicht geheimgehalten. Sie sei Schriftstellerin, Übersetzerin, Beraterin von Regisseuren bei Theaterinszenierungen und bei der Herstellung von Filmen und Fernsehprogrammen gewesen, und ab und zu, in seltenen Fällen, habe sie sogar als Schauspielerin in kleinen, stummen, aber immer bedeutenden Rollen agiert. Gelegentlich habe sie Kostüme gezeichnet und Dekorationen gemalt, sich mit historischer Forschung beschäftigt und Produzenten assistiert, für Verlage Manuskripte in fünf Sprachen gelesen und während des Krieges im Dienste der operativen Abteilung des Foreign Office als leitende Mitarbeiterin bei La France libre mitgewirkt...

Ihr Leichnam wurde aus der Nähe von Florenz (wo ihr Sohn nach seinem Umzug aus England lebte) nach London überführt. Sie wurde am 11. November begraben. Bei der Trauerfeier in der russisch-orthodoxen Kirche standen der französische Botschafter in London, M. Beaumarchais, und seine Frau in der ersten Reihe, dann kam die ganze englische Aristokratie, sowie einige russische Aristokraten und Muras Kinder und Enkelkinder. Insgesamt etwa fünfzig Personen.

Sie ging nicht, ohne unter ihre Legende den passenden Schluß zu setzen, der wie eine musikalische Koda das Hauptthema ihres Lebens wiederholte: Am Ende des Nachrufs in der *Times* finden wir eine bis dahin unbekannte Geschichte von ihr, nach der sie in direkter Linie von der Zarin Jelisaweta Petrowna aus deren nicht standesgemäßer Ehe mit Alexei Rasumowski abstammte: 1742 sei der Tochter von Peter dem Großen ein Sohn geboren worden, der das Geschlecht der Grafen Sakrewski begründet habe.

Diesen letzten Streich von ihr hätte Till Eulenspiegel zu schätzen gewußt, der den seinen mit einem Strick um den Hals nicht hat abschließen können. Sie hatte fünfzig Jahre gewartet, um das herauszulassen, und sie hatte ihren Gesprächspartner davon überzeugt, daß bei genauer Betrachtung in ihrem Gesicht die Ähnlichkeit mit Peter dem Großen zweifelsfrei zu erkennen sei.

Unda Hörner
Gala Dalí

Ihren Namen hat sich Gala, Muse und Ehefrau von
Éluard und Dalí, selbst gegeben. Etwas Theatralisches,
ja Pompöses haftet ihm an – und als Maske, Meduse und
Madonna begegnet uns Gala in den Bilder, die ihre Män-
ner von ihr entwerfen. Unda Hörner über den Mythos
Gala.

»HELENE DIMITRIEWNA DIAKONOWA wurde 1893
in Kasan an der Wolga geboren.«
»Die einzigen nüchternen Fakten, die Gala bereitwillig
preisgab, waren, daß sie 1895 als Helene Dimitriewna Dia-
konowa in Kasan, einer russischen Universitätsstadt an der
Wolga, geboren wurde.«
»Sie kam am 6. August 1894 im Zeichen der Jungfrau zur
Welt.«
Drei Biographien, drei voneinander abweichende Geburts-
daten – mit Bestimmtheit bleibt da nur zu sagen, daß die
Vita der Helene Dimitriewna Diakonowa mit einer Unbe-
stimmtheit beginnt. Immer wieder lud ihre Person zu My-
thenbildungen ein, sei es als poetische Erfindung Paul
Éluards oder als Gesicht auf unzähligen Gemälden Salva-

dor Dalís. Während die heiratsbedingte Veränderung des Nachnamens aus Frauen unauffindbare Personen machen kann, blieb ihr Vorname identitätsstiftendes Pseudonym: Gala. Als sie das Elternhaus im Jahre 1912 verließ, gab sie sich eigenmächtig diesen auch in Rußland unüblichen Vornamen. Den persönlichen Mythos hat sie selbst kultiviert, sich nie ausführlich und explizit über ihr Leben geäußert wie Elsa Triolet, keine Memoiren geschrieben wie Claire Goll, die Kunstsammlerin Peggy Guggenheim oder die Malerin und letzte Frau Max Ernsts, Dorothea Tanning. Gala erzählte nicht von sich, sondern inszenierte sich und ließ sich inszenieren. Damit machte sie aus der Not eine Tugend, denn weibliche Biographien, die aufgrund fehlender Beschreibungskategorien nicht selten zu Geschichten von Brüchen und Karriereknicken werden, glättet man gern durch Rollenzuschreibungen oder Mystifizierungen. Gala aber übernahm selbst die Regie, um den Mythos noch zu steigern, der sich um sie zu bilden begonnen hatte.

GALAS LEIBLICHER VATER war allein und verarmt in Sibirien gestorben, wo er nicht auf die Goldader gestoßen war, die er zu finden gehofft hatte. Galas Mutter, Antonina Diakonowa, lebte bald nach seinem Tod mit einem wohlhabenden Rechtsanwalt zusammen, was zwar eine kluge pragmatische Entscheidung war, weil sie den gesellschaftlichen Aufstieg der Familie in den gehobenen Mittelstand bewirkte, die Mutter jedoch in den Ruf einer moralisch verkommenen Frau brachte. Als Vorteil erwies sich auch, daß der neue Hausherr sowohl zum Adel als auch zu revolutionären Kreisen gute Beziehungen unterhielt, wodurch

Gala, um 1926

die Familie vor Razzien und politischen Übergriffen beider
Seiten bewahrt blieb. Die Mutter, ganz mit sich und ihrem
neuen Partner beschäftigt, kümmerte sich wenig um die
Kinder. Vom Stiefvater heißt es, er habe Gala den anderen
drei Geschwistern, Lidia, Nikolaj und Vadim, vorgezogen,
so daß sie bereits als Kind die Diva im Hause habe spielen
können. Es ist nicht überprüfbar, ob die Geschichten stimmen, die Gala im Laufe ihres Lebens über ihre Familie
verbreitete: daß der Stiefvater und die Brüder sie sexuell
belästigten und daß der leibliche Vater in Sibirien letztlich
doch eine fürstliche Domäne verwaltet hatte. Galas in Wien
lebende Schwester Lidia tat derlei Kunde als Schwindelei
oder Dramatisierung ab. Sie mochte damit recht haben,
doch ist es unerheblich, ob in Galas Geschichten Dichtung
oder Wahrheit überwogen. Aus Vermutungen und Erfun-
denem konstruierte sie sich eine Vergangenheit, deren Realität später, in der Fremde, ohnehin niemand mehr überprüfen konnte.

BEREITS ALS KIND mußte Gala ihre schwachen Lun-
gen wiederholt in Moskauer Sanatorien kurieren lassen.
Die ärztlichen Diagnosen wurden mit weniger wissen-
schaftlicher Präzision gestellt als heute, verordnet wurden
meist Luftveränderung, Trink- und Liegekuren. Tuberku-
lose war vielleicht doch nur ein anderer Name für Galas
labilen Zustand, dessen tiefere Ursache das Leiden an trost-
losen Verhältnissen war. Die Krankheit und deren Be-
kämpfung durch einen Ortswechsel bedeuteten Rettung für
sie. Gala wurde Ende 1912 auf eine lange Reise ins schwei-
zerische Davos geschickt – eine annehmbare Strapaze, da

der Weg ins Freie führte. Das Lungensanatorium in Clavadel präsentierte sich als eine abgeschlossene Welt, in welcher Gala dem Zugriff der Familie entzogen war, die sich
bislang in ihre Zukunftspläne einmischen konnte. Fernab
vom Weltgeschehen bot das Sanatorium auch eine Kulisse,
in der die Pose funktionierte, wo das Gesetz von Sehen und
Gesehenwerden die tägliche Selbstdarstellung verlangte.
Die Mahlzeiten im Speisesaal, die Stunden scheinbaren
Nichtstuns im Liegestuhl zwischen den Auskultationen und
Anwendungen galten vor allem der Beobachtung der Lei-
densgenossen. Die Russen waren traditionell zahlreich vertreten; schon während der Belle Epoque bevölkerten be-
tuchte Adlige Nobelhotels, Spielcasinos, renommierte Bade-
orte und Sanatorien. Der Ruf von Exotik und Distinguiert-
heit ergab sich vor allem aus diesem Typus des reichen, rei-
senden Ausländers. Gala, die ganz allein und nicht, wie
üblich, im Familienclan auftrat, mied den Anschluß an die
Landsleute. Es heißt, sie habe sich meistens zurückgezogen,
sei gleich nach dem Essen wieder auf ihr Zimmer verschwunden, aus dem sie ein mit Büchern und ihren Lieb-
lingsbildern angefülltes Refugium gemacht hatte.

Einige Tage vor Gala war aus Paris der am 14. Dezember
1895 geborene, also gerade siebzehn Jahre alt gewordene
Eugene-Emile Grindel alias Paul Éluard in Clavadel ein-
getroffen. Sein Lungenleiden zwang ihn zur Unterbrechung
seiner Ausbildung als Buchhalter – der hereinbrechende
Krieg und dann seine Avantgarde-Aktivitäten sollten dazu
führen, daß er sie auch nie wieder aufnahm. Die Krankheit
kam ihm geradezu gelegen, denn die Kur in Clavadel und
der Lauf der Geschichte fällten Entscheidungen für den
Unentschlossenen, den eine Zukunft in einem bürgerlichen

Beruf, als Geschäftsmann in den Fußstapfen seines Vaters, wenig reizte. Seine Abkehr von den Vorbildern war durchaus nicht an alternative Vorstellungen einer besseren Zukunft geknüpft. Der Sanatoriumsaufenthalt stellte ein zeitliches Vakuum dar, in dem der Dichter Éluard heranreifte, woran Gala maßgeblich beteiligt war. Schnell wurde Éluard auf sie aufmerksam: Sie war eine ungewöhnliche Schönheit, vor allem durch ihre magnetisierenden Augen, die später als die Augen der *Femme visible,* der sichtbaren Frau, von einem surrealistischen Gemeinschaftswerk blicken sollten. Aber ganz besonders erkannte sich der Einzelgänger in der Individualistin wieder, als die sie erschien. Auch später, als eine Person des öffentlichen Lebens, wird sich Gala in Gemeinschaften nie recht wohl fühlen, wie auch Éluard im Kreise der Surrealisten stets ein Außenseiter bleiben wird. Gala lernte durch Éluard jene Kultbücher kennen, an denen die Pariser Avantgarde sich entzündete. Er wurde für sie zum Begleiter auf ihren Phantasiereisen, zu denen sie vom Boden nüchterner bürgerlicher Tatsachen abheben konnte. Sie tauschten auf Zettelchen gekritzelte Botschaften aus; auf einem stand, von Galas Hand: »Ich bin Ihre Schülerin!« Anläßlich eines Maskenballes im Sanatorium traten sie gemeinsam als Pierrot und Pierrette verkleidet auf. Beide waren sie Bewohner von Innenwelten. Die gemeinsame Liebe keimte, fernab von Alltag und Weltgeschichte, in einem künstlichen Paradies in dünner Höhenluft, in dem die Zuneigung der noch nicht Zwanzigjährigen in spielerischer Sorglosigkeit wachsen konnte. Clavadel bot sich als Ort einer verlängerten Kindheit an, in welche die Liebe Einzug hielt, deren symbolische, heilende Kraft hier zur gleichen Zeit als Wirklichkeit erfahren wurde.

Sprachverliebtheit und sehnsüchtig erwartete Erfahrung der Liebe zu einer Frau vereinigten sich für den angehenden Dichter in seiner Poesie: Schon bald, am 1. Dezember 1913, erschienen Éluards erste Gedichte, inspiriert von Gala, finanziert von der Mutter, die ihr einziges Kind über die Maßen vergötterte.

NUR UNGERN verließen die beiden Rekonvaleszenten den Ort ihrer Begegnung, als die Zeit der Heilbehandlung abgelaufen war. Éluard reiste im Februar 1914 aus Davos ab. Zuvor hatten sie sich ewige Liebe geschworen und sich heimlich verlobt. Gala versprach, für immer nach Paris zu kommen, sobald sie volljährig sein würde. Noch mußte sie zurück in die elterliche Obhut nach Kasan. Als sie die Rückreise antrat, war der Krieg bereits ausgebrochen, und durch Militärtransporte auf allen Gleisen ging es nur mit langen Unterbrechungen voran. Éluard wurde ungeachtet seiner angeschlagenen Gesundheit im Dezember eingezogen. Als Lazaretthelfer geriet er nicht unter direkten Beschuß, aber da er an der Somme, einem Hauptkriegsschauplatz, stationiert war, zeigte sich ihm das ganze Grauen des Krieges in Gestalt der Verwundeten und der Moribunden, die unter seinen Händen starben. Das Kriegsgeschehen ließ Gala die Entfernung zu ihrer Liebe noch größer erscheinen; aufgrund des französisch-russischen Kriegsbündnisses bestand zwar eine Postverbindung zwischen beiden Staaten, aber die Beförderung der Briefe zog sich über Wochen hin. Mit dem Schweigen zwischen zwei Nachrichten wuchs immer wieder die Angst, Paul könnte schließlich doch als Kämpfer an die Front gekommen und gefallen sein. Mit der Voll-

jährigkeit war die schreckliche Wartezeit endlich um; die
Eltern konnten Gala nicht länger daran hindern, zu jenem
jungen Franzosen zu eilen, den sie nie zu Gesicht bekommen sollten. Éluard seinerseits mußte bei seinen Eltern
zunächst Überzeugungsarbeit leisten, denn die Zukünftige
ihres Sohnes entstammte durchaus nicht den wunschgemä-
ßen Kreisen der französischen Bourgeoisie; als Russin erschien sie ihnen wie eine Exotin.

GALA KAM IM AUGUST 1916 in einem Paris an, das
nicht der erträumten Lichterstadt entsprach, sondern vom
Krieg gezeichnet war. »La petite chérie kommt nach Paris.
Paris macht Lärm. Paris macht Lärm.« Das Stadtbild be-
stimmten leere Geschäfte, Kriegsinvaliden und eine Menge
alleinstehende Frauen, zu denen jetzt auch Gala gehörte.
Das Wiedersehen ersehnten und fürchteten die Verlobten
gleichermaßen. Fast zwei Jahre hatten sie Zeit gehabt, die
Idealvorstellungen einer gemeinsamen Zukunft zu hegen
und zu pflegen. Nicht trotz, sondern gerade wegen der vielen Liebesworte, die gefallen waren, kam die Wirklichkeit
nun als große Unbekannte auf sie zu. Gala wohnte bei den
Schwiegereltern, Rue Ordener 3, nördlich des Montmartre.
Auf der Flucht vor der familiären Enge des Elternhauses
war sie geradewegs in bürgerliche französische Verhältnisse hineingeraten, wie sie erdrückender kaum sein konnten.
Inmitten der matriarchalischen Grindel-Sippe – auch Grindel senior war im Krieg –, in der neben der Schwiegermutter auch noch Pauls Großmutter waltete, fand Gala
nichts so vor, wie sie es sich aus der Ferne ausgemalt hatte.
Mit ihrer gutgemeinten mütterlichen Fürsorge zwang Mme

Grindel Gala zu ständigem Gehorsam. Galas Pläne, in Paris als Modezeichnerin zu arbeiten, redete die gelernte Schneiderin ihr gleich wieder aus, denn die zukünftige Schwiegertochter sollte eine gute Hausfrau und Mutter werden und nicht im Berufsleben stehen, das außerdem viel zu hart für sie wäre. Das Glück zu zweit, so exklusiv wie in Clavadel, verlangte also erneuten Aufschub, und nach wie vor fanden die Unterhaltungen der Verlobten vornehmlich in Briefen statt.

Gala mochte sich mit den schriftlichen Heraufbeschwörungen einer aufgeschobenen Gemeinsamkeit ohnehin nicht länger zufriedengeben, da teilte Paul ihr Mitte November 1916 ohne Umschweife mit, daß er sich freiwillig zur Infanterie melden wolle. Gala zeigte sich darüber mehr als entsetzt; dieser Schritt gefährdete das gemeinsame Glück und kam einem persönlichen Angriff auf ihre Liebe gleich. Doch der stets Kränkelnde wollte sich durch diese zweifelhafte patriotische Tat seinen männlichen Mut und seine Wehrtauglichkeit beweisen. Als Dichternatur in jener weltbewegenden Epoche verspürte er plötzlich einen Mangel an Lebensunmittelbarkeit. Galas Briefe ins Feld, in denen sie Paul von seinem Entschluß abzubringen versuchte, changieren zwischen trauriger Hilflosigkeit und heftigem Zorn. Im Gedanken an die Gefahr, in die der Geliebte sich und damit auch ihre gemeinsame Zukunft brachte, geriet sie in depressive Zustände und sah ihr Leben vor sich »wie ein schwarzes Loch. Das ist kein Vergleich, sondern meine wirkliche Empfindung.« Aus diesen Drohungen, die Galas Biograph McGirk als erpresserische Taktik bezeichnet, spricht Galas ganze Enttäuschung über einen Mann, für den sie ihre, wenn auch nicht geliebte, so doch gewohnte Welt und ihre gesamte Vergangenheit hinter sich gelassen hatte. Im gemeinsamen Einvernehmen war sie nach Paris gegangen – er hatte schließlich Verantwortung für sie übernommen. Gala sah sich im Beziehungsgefüge als Besitz des Mannes, ihren Einsatz aber als einen Liebesbeweis, der eine Gegengabe verlangte. Aus diesem nebensächlichen Dasein an der Seite eines Mannes wird Gala sich Jahre später befreien, wenn sie Éluard verläßt und mit fliegenden Fahnen zu Dalí überläuft.

Nun, da Gala inoffiziell schon zur Familie gehörte, mußte auch schnell geheiratet werden, zumal Paul und Gala auf Kosten der Grindels lebten, denen sie dadurch besonders verpflichtet waren. Die konfessionelle Trauung entsprach Galas Wunsch. Paul erhielt vier Tage Fronturlaub, nach denen er sofort wieder abreisen mußte; er eilte direkt aus dem Felde zur Zeremonie, die am 21. Februar 1917 in der Mairie des XVIII. Arrondissements ziemlich unspektakulär vonstatten ging. Trauzeugen waren ein Onkel und eine Cousine des Bräutigams. Niemand war aus Kasan gekommen, und Freunde hatte Gala in Paris noch nicht. Aber ihr extravagantes, grünes Brautkleid erregte das ganze Aufsehen der braven Bourgeois und ließ eine erste Ahnung von Galas künftiger Karriere nicht als Hausfrau und Mutter, sondern als Enfant terrible der surrealistischen Kreise aufkommen.

Wenngleich Galas Berufspläne sich nicht realisierten, so hatte sie sich dennoch dem verhaßten reproduktiven Hausfrauendasein zu entziehen gewußt. Auch die Geburt der Tochter Cécile am 11. Mai 1918 erlebte Gala als negatives Ereignis. An die Tochter gab sie die Nichtbeachtung durch ihre eigene Mutter weiter. Cécile lebte die meiste Zeit bei den französischen Großeltern. Gala war selbst noch viel zu sehr Kind, so sehr mit sich selbst beschäftigt und brauchte ein so hohes Maß an Aufmerksamkeit, daß sie außerstande war, diese dritten zuzuwenden. Von der neuen Verantwortung fühlte sie sich völlig überfordert.

UNMITTELBAR NACH DER RÜCKKEHR aus dem Krieg stieß Éluard im März 1919 durch Vermittlung seines Freundes Jean Paulhan zum Kreis um André Breton. Éluard, der sein Geld durch Geschäfte verdiente, die ihm sein Vater, inzwischen Immobilienmakler, zuschusterte und die dem Musensohn überhaupt keinen Spaß machten, bot die Gruppe aus Gleichgesinnten die unentbehrliche soziale und künstlerische Integration. Galas Anwesenheit trug nicht unwesentlich zu Éluards Image bei. André Thirion erinnert sich, daß Éluard ein Aktphoto von Gala in seinem Portefeuille mit sich herumtrug und stolz herumzeigte. Auch schien er – in einer Zeit, da alles Russische en vogue war – gern zu erwähnen, wie aufregend und gleichermaßen anstrengend es sei, mit einer Russin verheiratet zu sein. Gala, stets elegant gekleidet, gab sich bei den Zusammenkünften im Café Cyrano so distanziert, daß jedermann sie für arrogant hielt. Thirion liegt mit seiner Einschätzung sicher richtig, daß sich hinter ihrem Verhalten vor allem tiefgreifende Unsicherheit versteckte und sie gar nicht so unbedarft und desinteressiert gewesen sei, wie sie wirkte: »Noch besser als Elsa Triolet wußte Gala, was sie wollte: Herzens- und Sinnenfreuden, Geld und die Gesellschaft eines Genies. Sie wird die Reinkarnation einer Bettina von Arnim gewesen sein, nur mit mehr Sinn für das Praktische.

Für Politik und Philosophie interessierte sie sich nicht, bewertete Menschen danach, was sie in der realen Welt leisteten, und tat die ab, die mittelmäßig waren.«[1] Ihre noch verborgenen Ansprüche, ihr scharfer, beobachtender Blick und die scheinbare Überheblichkeit führten dazu, daß Gala im allgemeinen unbeliebt bei den jungen Männern war. »Wenige Frauen in unseren Versammlungen: nur Mme Breton und Gala Éluard, zuweilen auch André Massons erste Frau waren dabei. Von den dreien hatte Gala am meisten Persönlichkeit: Diese magere Sklavin mit den weißglühenden Augen schien von einem (bösen?) Genie besessen zu sein; sie hatte etwas von einer Hexe, einer jungen, charmanten Hexe, die ihren Zauber verbreitete und drohte, Zwietracht in der Gruppe zu säen.«[2]

Zudem war es Galas gesteigerter Hang zur Dramatik, der ausgerechnet denen auf die Nerven ging, die sich doch selbst dem lautstarken, öffentlichen Krawall verschrieben hatten. »Opéra, opéra«, faselte der in Hypnosezustand versetzte Desnos auf die Frage, ob Gala bald sterben werde. Wenig aussagekräftiger Unsinn, der aber auf Galas Liebe zu dramatischer Selbstdarstellung großen Stils anspielte. Durch diese erschien sie den Avantgarde-Aktivisten wie eine Bedrohung. »Von ihr gelobt zu werden, ist das einzige, was zählt«, schwärmte Éluard. Breton richtete an Gala ein paar Zeilen, die auf Éluards Kult um seine Frau gemünzt gewesen sein dürften: »Für Gala, auf deren Brüsten der Hagel eines gewissen Traumes von Verdammung schmilzt. André Breton.«

Gala lernte die Chance zu erkennen, die sich für sie als Frau in der aus Männern bestehenden Gruppe ergab: Sie nutzte die Faszination des weiblichen Mythos, indem sie sich ausgiebig von jenen Männern feiern ließ, die ihr das Äußerste an Hingabe entgegenbrachten.

Das Paar lebte nun nicht mehr in der Rue Ordener, sondern in einer eigenen Wohnung in St.-Brice bei Paris, doch die erträumte Zweisamkeit zwischen Gala und Paul wollte sich nicht recht einstellen: Von der Avantgarde-Familie in Anspruch genommen, teilte Éluard seine Liebe zwischen Gala und den Freunden auf. Aus dem Paar wurde bald ein Trio: Éluard war so begeistert von den Bildern Max Ernsts, daß er den Maler auf der Stelle kennenlernen wollte, der als deutscher Staatsbürger nicht persönlich aus dem besetzten Rheinland zur Vernissage erscheinen konnte. Ein folgenreicher Tag war der 4. November 1921, an dem die Éluards bei Max Ernst und seiner Frau Lou Straus in Köln eintrafen. Sie blieben eine Woche. Über die Kunst verständigte man sich sogleich; Éluard gehörte zu den ersten Käufern von Ernsts Gemälden. Es folgte ein Gegenbesuch in Paris, für den Éluard dem neuen Freund seinen eigenen Paß zukommen ließ, so daß dieser 1922 die Grenze als Eugène Grindel passieren konnte. In Paris kam es – seit der Euphorie der Kölner Tage wohl beschlossene Sache – zur fruchtbaren Zusammenarbeit der beiden Männer. Mit Max Ernsts Abschied von Köln vollzog sich gleichzeitig die Trennung von seiner Frau. Auf Einladung der Éluards quartierte er sich bei ihnen in St. Brice ein, später dann in Eaubonne, in der nordwestlichen Banlieue von Paris, wo die Éluards eine Villa bezogen, die von Max Ernst mit Wandfriesen ausgestattet wurde.

Derweil Éluard sich geschäftlich oder in künstlerischer Mission in der Stadt aufhielt, hatten der Maler und die Strohwitwe Gelegenheit, sich näherzukommen, eine Situation, die von Éluard zumindest halbwegs intendiert gewesen zu sein scheint. Éluard, von Soupault als »Sexbesessener« und »Pornograph ersten Ranges« tituliert, in einem Wortspiel von Robert Desnos zum »poète élu des draps«, zum »auserwählten Poeten der Bettlaken« ernannt, bot seinen Freunden Gala zum Beischlaf an – und Gala wird gewußt haben, ihre Wahl zu treffen. Als Fremde in Frankreich fand sie sich im Bohème-Milieu wieder, in dem Extravaganzen, Exzentrik und Libertinage zum guten Ton gehörten. Gala war mit weitaus größerer Selbstverständlichkeit als eine Frau aus der französischen Bourgeoisie imstande, sich auf die Spielregeln der Surrealisten einzulassen. Über das gesellschaftliche *comme il faut* hatte sie sich bereits durch die Verweigerung des vorgezeichneten Lebens in Rußland hinweggesetzt. Der neue Lebensstil hatte nurmehr Modellcharakter – war eine Möglichkeit unter anderen. Éluard kultivierte eine Erotik des Blicks und der Teilhabe; seine Frau stachelte er zu einem Verhältnis mit Max Ernst an, denn er wollte den besten Freund an seiner großen Liebe teilhaben lassen, wünschte gar, daß Gala und Max in seiner Gegenwart miteinander schliefen – eine Spielart der Homoerotik, dem Bruder im Geiste den Körper seiner Frau zu leihen.

Die Liebe war Éluards Religion und Gala sein Abgott. Im Unterschied zur Vergeistigung der *amour fou* bei deren Theoretiker Breton war Éluards Liebe durchgängig an Erotik gebunden, an die poetische Verehrung von Körperregionen, in der seine Briefe an Gala schwelgen. Gala wurde zur Geliebten und zum Fetisch in einer Person; sie den Freunden vorzuführen, kam einem Stammesritual gleich, das der Befriedigung von Éluards Mannesstolz die-

nen konnte. Wie ihren Träumen vom Glück im Elfenbein-
turm zu entnehmen ist, entsprach diese veräußernde Hand-
habung der Liebe keineswegs Galas ursprünglicher Sehnsucht nach Zweisamkeit mit Paul. Doch als sie erkannte,
daß das Eheglück zu zweit nicht funktionierte, welches sie
sich sowieso nicht nach bürgerlichem Vorbild, sondern als
leidenschaftliche und treue Geliebte eines phantasiebegab-
ten Mannes ausgemalt hatte, scheint sie immer größeren
Gefallen an der polygamen Verehrung und der eigenen
Lust gefunden zu haben. An die Stelle der Intimität mit
Éluard trat das Faszinosum, höchstselbst Zentrum eines
Liebesmythos zu sein. Als aufsehenerregender Mittelpunkt
der Liebe zu dritt übertraf sie nicht nur die sexuellen
Träume der bürgerlich erzogenen Männer, sondern auch
den Entwurf der Künstler, die von der Liebe als Utopie und
von der Frau als einem Medium sprachen. Éluards Poesie
brauchte die Negativität der Liebe, deren Unerfülltheit den
produktiven Überschuß bewirkte. Wie überfordert er von
seinen eigenen libertären Ansprüchen in Wirklichkeit gewesen sein muß, verraten die inquisitorischen Befragungen
während der Hypnosesitzungen, als »Gala angestrengt versuchte, A. [Breton] weiszumachen, daß er mit ihr hätte
schlafen wollen, wenn er sie unter anderen Umständen
getroffen hätte, worauf er nur mit Ausflüchten antwortete;
als sie auch ihren Mann fragte, ob er es wagen würde, mit
einer anderen Frau zu schlafen, stürzte sie ihn in Verwir-
rung, trotz seines mutigen Ja.« Als krude Brutalität emp-
fanden die Surrealisten in der Realität das, was sie in der
Literatur verkündeten: die befreite Liebe. Je selbstbewuß-
ter Gala ihre eigenen Interessen verfolgte, desto mehr erregte sie Anstoß – nicht als intellektuelle Bedrohung, son-

dern als erotische Gewalt. Immer besser entsprach sie dabei paradoxerweise dem Bild der von den Surrealisten zelebrierten, künstlerisch überformten Frau: Gala erschien als der weibliche, ungezügelte Dämon, der von den Männern wohlweislich in die Kunst verbannt und dort gebändigt worden war.

NIE SIND ES DIE BUHLEN, immer ist es Gala, die Frau, der die Schuld zugeschoben wird. Max Ernsts Sohn Jimmy, der Gala haßte, weil sie angeblich das Familienglück zerstörte, wiederholt das gängige Muster, wonach Gala die Sünderin ist. Sein Vater habe nie an »diese russische Theatralik« geglaubt und Gala nie ernst genommen. »Seine [Dalís] Frau Gala war eben die Frau, die, damals noch mit Paul Éluard verheiratet, meinen Vater so becirct hatte, daß er 1912 Lou Straus-Ernst und mich verließ. [...] Dieselbe Frau, die meine Mutter als ›dieses schleichende, glitzernde Geschöpf... dieses fast lautlose, gierige Weibchen‹ beschrieben hatte. [...] Eines Nachmittags war ich in der Galerie, und aus dem Fahrstuhl traten Dalí und seine Frau. Gala Dalí ging an mir vorbei, blieb stehen und sagte etwas zu Julien über meine bemerkenswerte Ähnlichkeit mit Max Ernst. Julien machte uns mit kaum verborgenem Vergnügen miteinander bekannt. Siebzehn Jahre danach und Tausende von Meilen entfernt von jener ländlichen Szenerie in Tirol paßte die Frau mit dem kühlen Lächeln, die da vor mir stand, noch immer in jeder Beziehung zu der Beschreibung meiner Mutter. Auch jetzt hatte sie etwas Raubkatzenhaftes. Die tiefliegenden Augen ließen unter der Alabasterhaut einen Schädel ahnen, der Gefahr bedeu-

tete. Dies war eine unkeusche Jagdgöttin Diana nach dem
Töten, Gesicht und Körper abweisend, gleichgültig, dennoch in beständiger Erwartung namenloser Sinnenfreuden.«[3]

Indem er seine Mutter vor der skrupellosen Erotomanin in
Schutz nimmt, übersieht Jimmy Ernst jedoch, daß sein
Vater, der im Laufe seines Lebens mehr als einmal die Lebensgefährtin gewechselt hat, zu besagtem Zeitpunkt längst
aus seiner ersten Ehe ausgebrochen war. Lou Straus hatte
versucht, sich mit Éluard zu verständigen, um dem Verhältnis ein Ende zu bereiten, das dieser als innigsten Freund-
schaftsdienst doch selbst geschürt hatte. Konnte sie unmittelbar nichts ausrichten (und schon gar nichts, was Max
Ernst wieder zu ihr geführt hätte), so kriselte es bald von
allein im Innern der Dreieinigkeit. Max Ernst war zur
Hauptfigur eines Lust-Spiels geworden, in dem Éluard sich
mittlerweile zu einer Nebenrolle verdammt sah. Er ertrug
den in eigener Regie erschaffenen Zustand nicht länger,
wurde die Geister, die er gerufen hatte, aber auch nicht
mehr los. Als die Eifersucht ihn zu stark plagte, ergriff er
die Flucht. Im Stile des von den Surrealisten verehrten
Vorbilds Arthur Rimbaud, der nach Abessinien verschwunden war und dem Schreiben abgeschworen hatte, schiffte
sich Éluard am 1. April 1914 in Marseille ein, um für sieben
Monate in Indochina unterzutauchen.

Ohne Vorwarnung ließ er Frau und Tochter alleine zurück.
Gala zeigte sich angesichts der mißlichen Lage recht be-
herzt. Sie verkaufte einige der Bilder aus Éluards Samm-
lung, was ihr die Existenz sicherte. Nicht willens, die Rolle
der sitzengelassenen Ehefrau zu übernehmen, schickte sie
auch den Liebhaber nicht fort, sondern unternahm mit ihm

eine Reise in seine Heimat. Sie kannte die Allüren des ihr angetrauten Genies inzwischen bestens und durchschaute seine Verzweiflungstat als dramatische Geste des Dichters. Statt zu einer Milderung führte Éluards theatralischer Aufbruch so nur zu einer Verschärfung seiner Eifersucht. Er flehte Gala an, sie möge zu ihm kommen, und drohte mit Selbstmord. Die Grindels befürchteten das Schlimmste für ihren Sohn und beschlossen, daß Gala ihn heimholen solle. Sie finanzierten der Schwiegertochter mitsamt ihrem Geliebten die Reise nach Saigon, in der Hoffnung, daß es im fernen Osten zu einer eherettenden Aussprache unter sechs Augen kommen möge. Tatsächlich kamen die Dinge wieder ins Lot. Max Ernst reiste alleine weiter durch Asien, zu zweit traten die Éluards den Rückweg nach Frankreich an.

Die Urteile der Zeitgenossen über den Ausgang des Dreiecksverhältnisses gehen alle in dieselbe Richtung: Éluard ist das bemitleidenswerte Opfer seiner egoistischen Frau. Denise Tual, Frau des Filmemachers und einstigen Dada-Anhängers Roland Tual, sieht in ihr eine Schwester der biblischen Eva, den Prototyp der sündigen Versucherin, deren Handeln durch und durch intrigant ist: »Ich glaube nicht, daß Ernst lange brauchte, um Gala zu durchschauen. Er malte sie von einer ekligen Schlange umwunden. Das hat er ganz richtig gesehen.«[4] Und Claire Goll nahm Éluard vor Gala, der »düsteren, schweigsamen Schönheit, die viele Männer fesselte«, in Schutz: »Gala war fürs Köpfezusammenstecken und geheime Zusammenkünfte geboren; sie suchte stets Intrigen zwischen ihren surrealistischen Freunden zu knüpfen, wieder zu entwirren und, vor allem, die Karriere ihres Mannes zu lenken. Aber Éluard war zu stolz, um andere Register als die der Poesie zu ziehen. Geld und leichte Erfolge lockten den Sohn eines Lotterieeinnehmers nicht.«[5] Die argwöhnischen Geschlechtsgenossinnen scheinen Gala um Freizügigkeiten beneidet zu haben, die sie sich selbst nicht zugestanden.

Für Gala war die künstlerische Arbeit ihres Mannes nur soweit interessant, als sie darin in Aktion treten konnte. Nachdem Éluards Liebe immer deutlicher in die Einsamkeit der Dichtung abgedriftet war, für die sie nurmehr als Medium diente, verspürte sie Langeweile. Gala vermißte die Lebensintensität an der Seite des Dichters, dessen Berührungsängste sie in einen angebeteten Gegenstand vefwandelt hatten. Die Moralprediger, die glauben, Éluard gegen Gala verteidigen zu müssen, sehen allesamt nicht, daß Éluard die Beziehung zu Gala von Beginn an untergraben hatte – wollen es nicht sehen, weil Éluard der Künstler ist, der durch seine Sprache verführt und durch sein Werk entschuldigt ist. Während des Krieges hatte der junge Ehemann, indem er – sicher ohne die Konsequenzen ins Auge zu fassen – leichtsinnig die gemeinsame Zukunft aufs Spiel setzte, bereits die Voraussetzungen dafür geschaffen, die Gala zum Alleingang trieben. Dann hatte er sich ins Dada-Abenteuer gestürzt, war daraufhin seinen surrealistischen Aktivitäten und den damit verbundenen Männerfreundschaften nachgegangen, hatte Gala in die Arme Max Ernsts getrieben, sich selber Liebschaften erlaubt und war schließlich Hals über Kopf zu einer Weltreise aufgebrochen, als ihm die Situation zu Hause zu unübersichtlich geworden war. Immerfort hatte Gala auf ihn warten müssen: in Rußland, im Hause der Schwiegereltern, in der Banlieue von Paris. Éluard war alles andere als ein Mann der Tat: Militärischer Einsatz, Beruf, Liebe, alles blieb für ihn Vir-

tualität in einem literarischen Raum, zu dem Gala der
Zutritt verwehrt wurde. So wirkt ihr landläufig als erbar-
mungslos gebrandmarktes Verhalten gegenüber Éluard wie
eine Vergeltung für diese ständigen Beweise seiner Untreue
und seines Egoismus und für die geraubten Illusionen ihrer
in den Ursprüngen enttäuschten Liebe.

Wenn Éluard auch weiterhin die Vereinbarkeit von Ehe
und freier Liebe propagierte, so war er doch mißtrauisch
geworden. Er hielt sich mehr bei seinen Freunden in Paris
auf als draußen in Eaubonne. Die Monotonie, in der er Gala
zurückließ, weckte in ihr erst recht die Abenteuerlust:
Erneut verhalf ihr die Krankheit zu Erholungsreisen, wiederholten Fluchten vor einem Leben als Gattin und Mutter,
die zu werden sie hatte vermeiden wollen, indem sie den
Dichter mit den romantischen Wünschen geheiratet hatte.
In dem Maße, wie der Surrealismus erstarkte, sich in voller
Blüte entfaltete und seine wichtigsten Werke entstanden,
steigerte sich die Unzufriedenheit der veruntreuten Gala.
Nachdem zwischen 1915 und 1918 beide verschiedene Affären hatten, war es Gala, die die Libertinage radikalisierte,
und nicht Éluard, den ihr Beischlaftalent bereits in der
ersten Nacht so sehr erstaunt hatte, daß er ihr eine unkeusche Vergangenheit vorwarf. Sie, die ihrem Mann damals
geantwortet hatte, daß allein die Liebe zu ihm sie dazu
befähige, mit allen Tabus zu brechen, suchte das Paar, für
das die Erotik kein Fetisch und die kunstgewordene Liebe
nicht ausschließlich Angelegenheit des männlichen Parts
blieb. Galas Individualität gewann nicht durch eigene
Kunstwerke Gestalt, sondern durch ihr Talent, die Erotik
des Blicks und der Selbstdarstellung für das eigene Weiter-
kommen zu nutzen. Sie münzte ihre Passivität in Aktivität

um, verwandelte sich vom Objekt in ein Subjekt. Zwar verlieh Éluard ihr in seinen Gedichten Unsterblichkeit – viel unvermittelter aber vermochte ein bildender Künstler Galas Individualität wiederzugeben. Mit ihrem Abschied von Paris und von Éluard setzte sie unter eine Jahre währende Ernüchterung einen Schlußpunkt.

ÉLUARD UND DALÍ hatten sich im Frühjahr 1919 bei Kunstkäufen in Paris kennengelernt. Wie seinerzeit die Bilder Ernsts, hatten es dem emsigen Sammler Éluard nun die Gemälde Dalís angetan. Mit dem Plan einer künstlerischen Zusammenarbeit beider Männer besuchten die Éluards den Spanier noch im gleichen Jahr in seinem Haus im katalanischen Cadaques. Dalí in seinen Memoiren: »Dieses Paar verkörperte für mich, den kleinen Provinzler, den Geist von Paris. Ihre Selbstsicherheit, ihre blasierten Mienen und ihr Luxus schockierten mich wie eine Herausforderung, und zugleich faszinierten sie mich, und Gala versetzte mich geradezu in Trance mit ihren Koffern nach der neuesten Mode, die sich, auseinandergenommen, in Schränke verwandelten und von Kleidern und feiner Wäsche überquollen.«[6]
Dalí spricht in seiner Autobiographie von der Begegnung mit seiner zukünftigen Lebensgefährtin als einer Initiation, bei der ihm alle seine Ängste ausgetrieben wurden. Er erblickte Gala: Sie saß am Strand und hatte ihm den Rücken zugewandt – ein Rücken, der ihn faszinierte »wie einst der Rücken meiner Amme.« Dalí nahm jenes Angebot Galas an, mit dem Éluard so sträflich nachlässig verfahren war: als Paar die Liebe wie eine heilige Kommunion zu leben. Was

Dalí durch die Liebe über sich erfuhr, machte er für seine Kunst und sein Leben urbar. »Ein Kuß besiegelte meine neue Zukunft! Gala wurde das Salz meines Lebens, das Härtebad meiner Persönlichkeit, mein Leuchtfeuer, meine Doppelgängerin – ICH. Fortan waren Dalí und Gala verbunden in alle Ewigkeit.«

Lange noch wiegte sich Éluard in dem Glauben, die Lust des Augenblicks könnte verfliegen wie in allen vorausgegangenen Affären, doch diesmal irrte er sich. Éluard drängte zum Aufbruch, Gala machte keine Anstalten, die Koffer zu packen; Éluard fuhr ab, Gala blieb. Die so oft verkaufte Braut hatte sich nun aus freien Stücken ihrem Mann entzogen. Mit dem Jahresende 1930 war klar, daß Gala bei Dalí bleiben würde – eine Tatsache, der Éluard nie ganz ins Auge blicken konnte. Als sei es möglich, die Uhr zurückzudrehen und das Versäumte nachzuholen, richtete er für die gemeinsame Zukunft mit Gala eine Wohnung am Montmartre ein, doch dabei handelte es sich um seinen einsamen Akt der Beschwörung. Statt zum Ort wiederbelebten Familienglücks wurde die weiterhin von Éluard finanzierte Wohnung Anfang der dreißiger Jahre zur Anlaufstelle Galas und Dalís während ihrer Aufenthalte in Paris, die aber immer sporadischer wurden. Im Laufe des Jahres 1932 ging die Scheidung der einstigen Liebenden von Clavadel über die Bühne; Gala und Dalí heirateten im Oktober 1933 im spanischen Konsulat von Paris.

Im Laufe ihrer Ehe gab es gewiß genügend Streitereien und Skandale, doch bei Dalí fand Gala die erträumte Exklusivität der Liebe zwischen Mann und Frau; »allein zu zweit« löste Dalí das Versprechen der außergewöhnlichen Beziehung ein. Gegenüber den Franzosen nahm sich der

Spanier geradezu anarchistisch aus; genauso wie Gala war er ein Außenseiter in der Runde der surrealistischen Revoluzzer, die systematisch ihrer eigenen Bürgerlichkeit den Garaus machen wollten. Dalí trug exzentrisch nach außen, was die Surrealisten nur theoretisch formuliert hatten. Seine Provokationen erfüllten nicht die für alle Surrealisten verbindlichen Programmpunkte; er erklärte seine persönlichen Neurosen zum Ausgangspunkt seiner eigenen, einer »paranoia-kritischen« Kunst, statt sie in romantisierende Bildwelten umzuwandeln. Nicht der surrealistische Verbund aus Männern vermochte ihm daher einen Rückhalt zu geben, sondern die Komplizenschaft mit einer »Schwesterseele«, die mehr als nur eine Geliebte für ihn war. Als Modell im Atelier, direkt an der Wirkungsstätte des Künstlers, konnte sie über den Ausdruck des Kunstobjekts Gala mitbestimmen. Ohne von dem schmeichelhaften Mysterium Abschied nehmen zu müssen, das Éluard aus ihr gezaubert hatte, bezog Dalí sie nicht nur als Idee, sondern auch als leibliches Wesen in sein Werk ein.

Gala trieb den Bilderkult um ihre eigene Person mit Dalí so auf die Spitze, daß am Ende die männlichen Phantasien regelrecht vorgeführt wurden. Ihr neugewonnenes Mitspracherecht äußerte sich schon bald auch in der Organisation des Künstlerpaares: »Jeden Morgen und jeden Abend ließ sie mich in meinem Atelier, vor meiner Leinwand zurück und ging mit einem Karton unter dem Arm fort, um einige der leuchtenden Früchte meiner Erfindungsgabe anzubieten.« Das zunächst beiläufig eingesetzte Talent, Bilder in bare Münze umzuwandeln, entwickelte Gala mit den Jahren zu ihrem Beruf, als Managerin ihres Mannes, die das Geschäftliche in die Hand nahm und es auf die

Erwirtschaftung von Gewinn anlegte – eine Karrierechance, die sie in der Ehe mit Éluard, in dessen ökonomischer Abhängigkeit sie stets stand, nicht bekommen hätte.

Die Kunstsammlerin Peggy Guggenheim berichtet von den Vorwürfen, die Gala ihr machte: »Sie hielt es für töricht, meine ganze Existenz an die Kunst zu hängen. Ich täte besser daran, einen Künstler zu heiraten und mich ausschließlich um sein Fortkommen zu kümmern, so, wie auch sie ihr Leben eingerichtet habe.«[7] Gala war Ehefrau, Modell und Sachwalterin in einer Person. Indem sie traditionell einander ausschließende Kompetenzen übernahm, lag es auch in ihrer Macht, diese gegeneinander auszuspielen, bis sie sich schließlich auflösten. Sie konnte die Kunstwerke ihres Mannes entmystifizieren und ihre eigene Aura als Muse und Gegenstand dieser Werke zerstören, indem sie diese als käufliche Ware behandelte. Sie schob sich als reale Person in den Vordergrund, hinter dem sich nicht nur die Muse Dalís, sondern auch dessen obskures Objekt der Begierde verbarg – die personale Identität dieser beiden Figuren bot aufsehenerregenden Stoff zur Genüge. Gala hielt sich nicht im Hintergrund, sondern trug offen zur Schau, was als Klischee weiblicher Lebensläufe offensichtliches Geheimnis bleiben soll: Hinter dem Künstler steht eine unbekannte Frau, ohne deren stilles Wirken die Entstehung seines Werkes fraglich gewesen und ohne die er nicht zu dem geworden wäre, der er ist. Gala aber produzierte sich als Macherin des Mannes – und der gestand dies selbst ein:

»Gala wurde zu einem fundamentalen Katalysator meines Lebens. Mein visuelles und affektives Gedächtnis wird durch sie transzendiert. Ihr habe ich es zu danken – ihrer

von meinem Ich empfundenen und akzeptierten Liebe –,
daß ich dieses Bündel von Projektionen hervorzubringen
vermag und imstande bin, daraus die stärksten und besten
auszuwählen [...]. Gala ist mir unentbehrlich, weil ich dank
ihr mein Elixier herstellen kann, meinen Genuß und die
Substanz der Kraft, die es mir erlaubt, mich selbst zu überwinden und die Welt zu beherrschen.«[8]

Anmerkungen:

1 André Thirion, Révolutionnaires sans révolution, Paris 1987, S. 192.
2 Victor Crastre, Le drame du surréalisme, Paris 1963, S. 68f.
3 Jimmy Ernst, Nicht gerade ein Stilleben. Erinnerungen an meinen
  Vater Max Ernst, Köln 1984, S. 259.
4 Zit. nach: Tim McGirk, Gala, Dalís skandalöse Muse, Reinbek 1989,
  S. 69.
5 Claire Goll, Ich verzeihe keinem, Berlin 1987, S. 142.
6 Salvador Dalí, So wird man Dalí, München 1981, S. 114; daraus
  auch die folgenden Dalí-Zitate.
7 Peggy Guggenheim, Ich habe alles gelebt. Die Memoiren der
  »Femme fatale« der Kunst, München 1990, S. 197.
8 So wird man Dalí, S. 124.

Margaret Nicholas
Cora Pearl

Ihre Ausstrahlung macht sie zu einer gefragten Frau.
Von ihren Liebhabern läßt sie sich zunächst Schmuck
und Kleider, dann Häuser, Pferde und Kutschen kaufen.
Ihre Verschwendungssucht ist so groß, daß sie mehrere
große Vermögen ruiniert und schließlich auch sich
selbst. Über das bewegte Leben der Cora Pearl schrieb
Margaret Nicholas.

EINE ROTHAARIGE ENGLISCHE SIRENE namens
Cora Pearl war Mitte 1860 die berühmteste Kurtisane in
ganz Paris – und die teuerste. Sie war so reich, daß man
allein ihre Juwelen auf eine Million Francs schätzte. Drei
Häuser hatte sie eingerichtet, ohne auf die Kosten achten
zu müssen; sie besaß ein Heer von Dienern und einen Stall
mit sechzig Pferden. Ihr Hang zum Luxus wurde zur Manie.
Wenn einer ihrer Liebhaber angesichts der Art und Weise,
wie und wieviel Geld sie ausgab, in Panik geriet, ging sie
schlicht und einfach zum nächsten über, bis sie zu guter
Letzt fünf oder sechs große Vermögen durchgebracht hatte.
Selten hatte sie ausschließlich einen Liebhaber; im allgemeinen spielte sie ihre Liebhaber mit kühler Berechnung

gegeneinander aus, wobei sie in einer eigens dafür ange-
legten Kladde darüber Buch führte, was ihr wer gegeben
hatte. Ein junger Mann namens Duval, dessen Vater Millionen mit Restaurants und Hotels gemacht hatte, flehte sie in
einem Brief an: »Laßt mich Euch meine Ergebenheit beweisen. Befehlt es, und ich werde sterben...«, worauf sie
kurz und prägnant antwortete: »Ich wünschte mir eher, Ihr
lebtet und würdet meine Rechnungen bezahlen!«

Eine wilde Extravaganz folgte der nächsten. Sie badete in
einem Badezimmer aus Rosenmarmor; in der Wanne waren
ihre Intitalien in goldenen Lettern eingelassen. Sie frönte
charmanten kleinen Launen wie beispielsweise derjenigen,
daß sie ihren Gästen Pfirsiche und Trauben aus Gewächs-
häusern in einem Bett von Parma-Veilchen servierte, wobei
die Veilchen alleine bereits 1500 Francs gekostet hatten.
Ihre Diners, Maskenbälle und Bankette waren legendär.
Und selten nur hatte sie weniger als fünfzig Leute zum
Diner. Darum bestand ihr Koch darauf, nie weniger als ein
halbes Rind zu kaufen. Eines abends wettete sie mit ihren
Gästen, daß sie ihnen Fleisch vorsetzen würde, bei dem
sie es nicht wagen würden hineinzuschneiden. Ungeduldig
warteten sie auf das Essen und darauf, daß das *pièce de rési-
stance* serviert werden würde. Als es soweit war, verschlug
es ihnen den Atem. Auf einem großen silbernen Tablett, das
von vier Dienern hereingetragen wurde, ließ sich Cora
selbst servieren. Sie war splitterfasernackt und nur mit etwas Petersilie geschmackvoll dekoriert!

Ihre Extravaganz schien einen Anflug von Wahnsinn bei
ihren Liebhabern auszulösen. Einer schenkte ihr eine
große Schachtel glasierter Maronen – jede davon in einen
1000 Franc-Schein eingewickelt. Ein anderer schickte ihr

ein Pferdestandbild aus Silber; es war so schwer, daß es von zwei Trägern getragen werden mußte. Bei näherem Hinsehen entdeckte man, daß es voller Gold und Juwelen war. Napoleon schickte ihr eine Kutsche voller seltener Orchideen, die sie auf den Boden streute, und ein irischer Liebhaber legte ihr sein ganzes Vermögen zu Füßen; sie benötigte ganze acht Wochen, um es auszugeben.

Dabei war sie nicht im Luxus aufgewachsen. Cora Pearls richtiger Name ist Eliza Emma Crouch. Sie war die Tochter eines Musiklehrers aus Plymouth, Frederic Crouch. 1835, dem Geburtsjahr seiner Tochter, schrieb er die berühmte Ballade *Kathleen Mavourneen*. Mit den Tantiemen finanzierte er ihre Ausbildung.

Mehrere Jahre an einer kirchlichen französischen Internatsschule in Boulogne hatten Cora Geschmack auf das französische Leben gemacht. Als sie nach Hause zurückkehrte, um mit ihrer Großmutter zu leben, war aus ihr eine junge Frau mit einnehmendem Wesen, frischem, rosigem Teint und herrlichem kastanienbraunen Haar geworden, die sich ihrer Wirkung auf Männer nur allzu bewußt war. Das stete, nüchterne Leben, das zu führen man von ihr erwartete, langweilte sie und so beschloß sie, Schauspielerin zu werden. Sie begann heimlich ins Theater zu gehen. Bei einem ihrer Besuche wurde sie von einem charmanten, distinguierten Fremden angesprochen, der sich ihr als Diamantenhändler vorstellte. Naiv nahm sie seine Einladung zum Essen an – und das Unvermeidliche geschah. Anstatt nach Hause zu gehen, nahm sie die fünf Pfund, die er neben ihrem Bett hinterlassen hatte, und suchte sich ein Zimmer in der Nähe von Covent Garden.

Robert Bignell, ein Theateragent, engagierte sie als Sänge-

rin und Tänzerin in den Agylle Rooms, einem einschlägi-
gen Etablissement, obwohl sie weder für das eine noch für
das andere Talent besaß. Es ist anzunehmen, daß sie seine
Geliebte wurde; denn als er ihr anbot, sie mit nach Paris zu
nehmen, reisten sie als Mann und Frau. Kaum in Frankreich angekommen, verlor sie jedoch keine Zeit, ihn loszu-
werden. Sie hatte eigene Pläne.

Zuerst änderte sie ihren Namen in Cora Pearl. Dann begann
sie, die schicken, kleinen Cafés zu durchforsten, wo Sän-
gerinnen gesucht wurden. Die Manager nahmen sie unter
Vertrag, denn sie konnten sehr wohl sehen, daß alleine ihr
Aussehen schon die Kundschaft anlocken würde. Sie war
nicht außergewöhnlich schön, hatte jedoch eine perfekte
Figur, einen anziehenden Teint und eine unwiderstehliche
kokette Art.

Zuerst waren ihre Unterkünfte eher bescheiden und ihre
Liebhaber nichts Außergewöhnliches. Mit zunehmender
Wohlhabenheit preßte sie jedoch jeden Groschen aus ihnen
heraus, um sich Kleider von Worth und Schmuck von Car-
tier kaufen zu können. Beharrlich glaubte sie daran, daß
erfolgreich auszusehen die Hälfte des Erfolges sei. Und ihre
Strategie zahlte sich schon bald aus.

Ihr erster wichtiger Liebhaber war der Duc de Rivoli, der
ihr nicht nur sagenhafte Kleider und Juwelen kaufte, sondern sie in ein herrliches Haus umziehen ließ und ihre Die-
ner, enorm hohe Lebensmittelrechnungen und Spielschulden bezahlte. Das Glücksspiel wurde bald schon zu ihrer
Obsession, bei der sie Unmengen von Geld verlor. Zur selben Zeit, als der Herzog ihr Luxusleben finanzierte,
schenkte Cora ihre Gunst dem siebzehnjährigen Prinzen
Achille Murat. Er konnte Cora nichts abschlagen. Er war es

auch, der ihr das erste Pferd schenkte, was derart zu ihrem Glück beitrug, daß sie nicht ruhte, bis sie schließlich ihren eigenen Stall hatte, der von Stallburschen in gelber Livrée in Ordnung gehalten wurde.

AB 1862 GAB CORA den Ton innerhalb der lebensfrohen und eleganten Gesellschaft des Paris des zweiten Kaiserreiches an. Sie hatte mit dem begonnen, was sie ihre »goldene Kette der Liebhaber« nennen sollte. Dem Duc de Rivoli und dem Prinz Murat folgten der Prinz von Oranien, der Erbe des niederländischen Thrones, der Duc de Morny, der Halbbruder des Kaisers, und Prinz Napoleon, der Cousin des Kaisers. Sie alle haben Vermögen für sie ausgegeben.

Ihre Rivalinnen wurden grün vor Neid. Einige behaupteten, daß sie völlig unkultiviert sei und es sich nicht lohnen würde, über ihr Aussehen auch nur ein Wort zu verlieren. Sie begegnete derlei Anwürfen mit der Frage, was dies denn schon ausmachen würde, und empfand es als ein leichtes Spiel, die Ehemänner der schönsten Frauen in Paris zu verführen.

Sie fuhr in einer himmelblauen Kalesche aus, die innen mit gelbem Satin ausgeschlagen war und von zwei milchkaffeebraunen Pferden gezogen wurde. Manchmal färbte sie ihre Haare gelb oder blau, damit sie farblich zur Kutsche paßten. Auch verwendete sie Gesichtspuder, die mit Silber oder Perlmutt eingefärbt waren, und suchte im Sommer die Sonne, um ihre Haut zu bräunen – eine fast unglaubliche Idee in den Zeiten des Sonnenschirms und des blassen Teints. Ihr Toilettenwasser, ihre Cremes und Puder kamen alle exklusiv aus London. Ungeachtet dessen gab sie jedoch zu, daß ihr erster Schritt der täglichen Schönheitspflege darin bestand, ihren Körper mit einem Schwamm und kaltem Wasser von oben bis unten zu waschen.

Die letzten fünfzehn Jahre des Kaiserreiches – von 1865 bis 1870 – waren für Cora die strahlendsten. Man hatte sie dem Cousin des Kaisers vorgestellt, dem 42jährigen Libertin Prinz Napoleon, der mit der bigott frommen Prinzessin Clothilde verheiratet war. Er verliebte sich in sie, und sie begann schon bald, seinen Kontostand gegen Null schmelzen zu lassen. Der Prinz kaufte ihr ein Haus in der Rue de Chaillot, von dem man sagte, es sei die beste Privatresidenz in ganz Paris gewesen. Es kursierte das Gerücht, daß seine Einrichtung zwei Millionen Francs gekostet hatte. Cora verhielt sich so, als ob Geld alles und jeden regieren würde und alles herbeischaffen könnte, was sie sich wünschte. Doch der Prinz schien wirklich bemüht zu sein, alles für sie zu tun. Die Beziehung mit ihm dauerte länger als mit irgendeinem anderen Mann, und er verhielt sich ihr gegenüber immer loyal. Eines Nachts überredete sie ihn, ihr ein zweites Haus in der Rue des Bassins zu kaufen und ihre Spielschulden in Monte Carlo zu begleichen, wo sie in acht Monaten 70 000 Francs verloren hatte.

Am 26. Januar 1867 gelang ihr eine Sensation, als sie auf der Pariser Bühne als Cupido in Offenbachs komischer Oper *Orpheus aus der Unterwelt* auftrat. Sie trat halbnackt auf und trug Schuhe mit Knöpfen aus Edelsteinen und Sohlen aus Diamantenmasse. Nach der Vorstellung bot ein anonymer Graf 50 000 Francs für die Schuhe und doppelt soviel mit Cora darin.

DOCH PLÖTZLICH änderte sich alles. Im Juli 1870 begann der deutsch-französiche Krieg. Und obwohl er nur kurz dauerte, brachte er den Sturz des Zweiten Kaiserreichs und den Verlust all derer mit sich, die im vergangenen Jahrzehnt erkleckliche Summen dafür verschwendet hatten, daß Cora ihr wildes und extravagantes Leben aufrechterhalten konnte.

Überraschenderweise hat Cora Pearl das Beste aus der Belagerung von Paris gemacht. Die verwöhnte Kurtisane verwandelte ihr Haus in der Rue de Chaillot in ein Krankenhaus. Sie zerriß ihr gutes Leinen für Bandagen und Leichentücher, band eine Schürze über ihre feinen Kleider und rackerte sich 16 Stunden am Tag für die Verletzten ab. Prinz Napoleon hielt auch im Exil weiterhin zu ihr, doch Cora benötigte jemanden, der seinen Platz einnahm. Unter denen, die sie umwarben, war ein junger Mann, der zehn Jahre jünger war als sie und Alexander Duval hieß. Er war vernarrt in ihren reifen Charme und flehte sie an, ihr seine Liebe beweisen zu dürfen. Mit gönnerhaftem Lächeln willigte sie ein. Zuerst, so meinte sie, könnte er alle ihre Schulden bezahlen. Und vielleicht könnte er auch die Rechnung eines Banketts übernehmen, das sie geben wollte…

Obwohl Duval aus einer reichen Familie stammte, die eine Hotel- und Restaurantkette besaß, zwangen ihn zwölf Monate mit Cora finanziell in die Knie. Als er ihr gestand, daß er nicht länger mit ihren wahnsinnigen Ausgaben mithalten konnte und seine Mittel aufgebraucht waren, ließ sie ihn fallen.

Eines Tages folgte er ihr nach Hause und bat sie um eine Unterredung. Als sie dies ablehnte, zog er eine Pistole und erschoß sich. Alles, woran Cora Pearl angesichts des wie

leblos auf der Türschwelle liegenden Körpers denken konnte, war, wie wohl die Gesellschaft auf diesen widerlichen
Vorfall reagieren würde. Sie nahm an, er wäre tot. Hinter-
her erinnerte man sich lange ihrer Gefühlskälte und ihres
Unvermögens, einer Situation mit Mitgefühl zu begegnen.
Ohne daß sie es wahrnahm, trug die Art und Weise, wie sie
ihn behandelte, zu ihrem Niedergang bei.

Duval erholte sich von seiner Schußverletzung, doch für
Cora sollten die Dinge nie wieder ins Lot kommen. Eines
Abends, auf dem Weg ins Theater, wurde sie ausgebuht und
fühlte die Wut des Pariser Mobs in ihrem Nacken. Die Art
und Weise, wie sie den jungen Duval behandelt hatte, war
sogar der französischen Demimonde zu herzlos. Tatsächlich
rief die Affäre eine solche Empörung hervor, daß sie zu der
Überzeugung kam, der Takt gebiete es, sich auf eine Weltreise zu begeben.

In London wurde sie nicht gut aufgenommen. Sie hatte sich
eine Suite im Grosvenor Hotel gemietet und einen Monat
im voraus bezahlt. Doch kaum war ihr Berg Gepäck im
Foyer angekommen und dem Manager klargeworden, wer
sie war, als er sie diskret darüber in Kenntnis setzte, daß sie
das Hotel verlassen müsse. Die Schmach war bitter, für viel
Geld mußte sie sich ein Haus in Mayfair mieten. Ungeachtet
dessen feierte sie einige Triumphe in England.

Sie unternahm eine Tour durch die großen europäischen
Kasinos in der Hoffnung, so ihr schwindendes Bankkonto
aufzubessern. Sehr zu ihrer Verärgerung wurde ihr in
Baden-Baden der Zugang zum Kasino verwehrt. Glückli-
cherweise sah einer ihrer Bewunderer, ein Cousin des Kaisers, was passierte, bot ihr seinen Arm an und führte sie
hinein.

Als sie den Eindruck hatte, lange genug weg gewesen zu sein, um Gras über die Affäre Duval wachsen zu lassen, ging sie nach Paris zurück und gab für einige Zeit Diners und Empfänge, die von ihren Bewunderern bezahlt wurden. Von 1874 an aber, als Prinz Napoleon seine Verbindung mit ihr löste, ging es mit ihr bergab.

Zuerst mußte sie das Haus in der Rue de Chaillot verkaufen. Ihr Schmuck ging für ihre Spielschulden drauf. Alle ihre fabulösen Besitztümer wurden versteigert, damit sie das Geld für ihren Lebensstil aufbringen konnte. So war sie zehn Jahre lang in der Lage, ihren Lebensstandard zu halten, doch der soziale Abstieg, der danach folgte, verlief rapide. Sie beendete ihre Karriere in einer billigen Pension in einer Seitenstraße von Paris; ihr gutes Aussehen war zerstört, ihre Bewunderer verschwunden.

Am 8. Juli 1886 starb sie an Krebs. Keine einzige Zeitung nahm Notiz davon. Der billigste Sarg wurde für sie bestellt, und ein ortsansässiger Leichenbestatter wurde mit einem Armenbegräbnis für sie beauftragt. Bevor er diesen Auftrag jedoch ausführen konnte, erhielt er Besuch von einem distinguierten Mann mit aristokratischem Gebaren. »Was soll das beste Begräbnis für Madame Cora Pearl kosten?« fragte er. Ein Bündel Scheine in den Händen sagte er: »Die Dame soll das prächtigste Begräbnis bekommen, das möglich ist.« Und bevor er ging, fügte er hinzu: »Ich warne Sie, einer von meinen Leuten wird da sein, um sicherzustellen, daß Sie sich an Ihren Teil der Abmachung halten.« Der Unbekannte gab sich nie zu erkennen, doch Cora wurde auf dem Friedhof in Batignolles in einer Art und Weise bestattet, die ihrem früheren Leben entsprach.

Jean Améry
Rita Hayworth

**Das Bild, das von der einstigen Ikone Rita Hayworth
bleibt, ist das einer Frau, deren Image nie ihrer Persönlichkeit entsprach und der Erfolg, Reichtum und Schönheit nie das Glück brachten, das sie immer gesucht hatte.
Jean Améry über das Leben des Filmstars.**

GAR MANCHE EINZELHEITEN und Errungenschaften
des »American way of life« traten 1945 über die Bewußtseins-
schwelle Europas: Streptomycin Digests, Television, Psycho-
somatik, »gadgets« aller Art, hochnotpeinlich untersuchende
Senats-Ausschüsse, Hawaii-Hemden. Unter all den neuarti-
gen Dingen, die den etwas ausgehungerten, geschundenen
und in jeder Hinsicht in seinem Selbstgefühl reduzierten
Bewohner der Alten Welt die Hände über dem Kopf zusam-
menschlagen ließen in heller, fassungsloser Bewunderung,
war auch eine Frau: Rita Hayworth, deren Photos längst amerikanische Bombenflieger als Maskotte auf ihre Apparate gemalt hatten, und die in manchen Sensationspublikationen als
die »Atom-Blondine« bezeichnet wurde.
Über den Geschmack, der da das Weltgrauen mit dem Sex-
Appeal koppelte, kann man streiten. Nicht diskutieren kann

man darüber, daß diese Frau auch in Europa einschlug wie der Blitz aus gewittrigem Himmel. Wir kannten sie nicht, wußten gar nichts von ihr, als uns gelegentlich der europäischen Erstaufführung des großartigen *Gilda*-Filmes durch Zufall eine französische Zeitung in die Hand fiel, in der ein paar Zeilen über Rita Hayworth zu lesen waren: »Diese Schauspielerin«, hieß es da, »ist der Urtypus der Frau, die große Leidenschaften entfesselt.«

Wir haben niemals eine bessere Definition Rita Hayworths gelesen. Jawohl, das ist sie: die überzeugendste Repräsentantin des Ewig-Weiblichen nach dem Geschmack dieses Halbjahrhunderts, die Filmschauspielerin, von der die stärksten, unmittelbarsten erotischen Strahlungen ausgehen, ein Wunder an Vollweiblichkeit, der Typus einer Frau, von der die Gattinnen sagen, sie sei eben »vulgär«, die große Verführerin, wie es einstmals die Lola Montez gewesen sein muß.

In den darauffolgenden Jahren haben ihre Affären die Öffentlichkeit in einem Maße beschäftigt, daß es sogar den Geduldigsten schon zuviel wurde. Man wurde Hayworthkrank, wollte nichts mehr hören von ihren persönlichen Angelegenheiten. Man nahm die Gelegenheit war, sie zu »verdrängen« (im zwiefachen Sinne), und eine Zeitlang hatte es den Anschein, als habe sie ihren Höhepunkt überschritten.

Im Augenblick läßt sich ihre filmische Zukunft, lassen sich die Aussichten ihrer Popularität nicht abschätzen. Aber wie immer es kommen möge: ob sie noch einmal den Glanz der Jahre 1944–1948 erreichen oder ob sie in Vergessenheit geraten wird: sie wird die weibliche Offenbarung der Zeit nach dem Zweiten Weltkrieg gewesen sein.

Rita Hayworth

ES IST ERSTAUNLICH, wie wenig man von dieser Frau weiß. Sie war so populär, war so sehr das internationale Klatsch-Zentrum, daß zu gewissen Momenten Wochenzeitungen Balkenüberschriften brachten, wie etwa: »Rita und Ali: Neue Begegnung.« Man kannte ihre Kleider, wußte, mit wem sie gerade zu soupieren pflegte, aber stets blieb ihre Biographie fragmentarisch. Ihre Herkunft, ihre Anfänge liegen im Dunklen.

Nehmen wir da als Beispiel den allwissenden »Who is Who« zur Hand. Er ist äußerst zurückhaltend. »Geboren als Margerita Cansino«, steht da, »im Jahre 1918 in New York City. Private Erziehung. Begann als Tänzerin.«

Private Erziehung? Also: Kein College, vielleicht überhaupt kein regelmäßiger Pflichtschulbesuch. Und der »Beginn als Tänzerin«? In welcher Ballettschule wurde sie ausgebildet? In welchen Theatern trat sie auf? Über all das wird geschwiegen. Von ihrem Vater wird berichtet, er sei ein »prominenter« Tänzer gewesen und er leite heute ein Tanzinstitut in Hollywood. Wenn man aber versucht, Auskünfte über einen prominenten Tänzer namens Cansino zu erhalten, stößt man auf Schwierigkeiten.

Unzweifelhaft richtig ist nur der Mädchenname Margerita Cansino so wie die Herkunft aus spanischer Einwandererfamilie. Es dürfte sich bei ihren Eltern um ganz kleine Leute handeln, und man irrt vielleicht nicht sehr, wenn man annimmt, daß Ritas tänzerische Anfänge wenig mit klassischem Ballett oder intellektuellem Ausdruckstanz zu tun hatten, sondern wahrscheinlich nur mit argentinischen Tangos in mehr oder weniger obskuren Nachtlokalen.

Auch über ihre erste Ehe ist wenig bekannt. Der Gatte war ein Mister Edward Judson, von dem sogar Louella Parsons, der weibliche Saint-Simon Hollywoods, nur als von »einem gewissen Judson« schreibt und der Rita zum Film gebracht haben soll. Wer war dieser Mister Judson? Ein Regisseur, ein Impresario, ein Lehrer? Auch hierüber ist nichts Klares zu vernehmen.

EINIGERMASSEN DURCHSICHTIG wird das Curriculum vitae Rita Hayworths erst, nachdem sie von Judson geschieden wurde und Orson Welles heiratete.

Orson Welles ist heute ein dicker, großer Mann, der in allen Film-Metropolen auftaucht, immer wieder seine Chance mit Experimentalwerken wie *Macbeth* oder *Othello* versucht, der aber offensichtlich nicht mehr vom Glück begünstigt ist und auf den die Finanzleute nicht mehr hoch setzen. Als er aber 1943 Rita Hayworth heiratete, war er eine große Hoffnung, anerkannt als das einzig echte »Genie« Hollywoods, ein Mann, dem man es zutraute, Erfolgsfilme aus dem dürren Boden der »unabhängigen Produktion« zu stampfen, der Schöpfer des *Citizen Kane*, gegen den Randolph Hearst den Bannfluch geschleudert hatte. Alle fortschrittlichen und wagemutigen Filmschöpfer sahen damals in Orson Welles so etwas wie einen Kleist Hollywoods.

Diesen Mann, diesen dem Alkohol und der Bohème geneigten Intellektuellen, den späteren Filmabgott der − wirklich − existenzialistischen Jugend Frankreichs, diesen Prachtskerl mit dem Körper eines Boxers, dem Kopf eines erstaunten Kindes und dem Hirn eines Pariser Literaten, heiratete Rita Hayworth. Knapp vor der Eheschließung hatten sie Reporter gefragt, warum sie ihren ersten Gatten verlassen habe. Ihre Antwort, im Schmollton, war gewesen: »I didn't have any fun...«

Sie hatte keinen »fun«. Die Ehe war nicht lustig, nicht fröhlich gewesen. Würde die Verbindung mit Orson Welles es sein? Alle einsichtigen Leute schüttelten den Kopf. Die Wohlwollenden sagten »na ja«, und die Reporter begannen langsam die »inside informations« über Zwistigkeiten des jungen Paares vorzubereiten.

Wir wissen nicht, ob Rita Hayworth an der Seite Orson Welles' »fun« gehabt hat. Immerhin gibt es ein Dokument über ihre berufliche Zusammenarbeit, das jeden Filmkenner bedauern läßt, daß Rita nicht wenigstens arbeitsmäßig die Verbindung mit Orson Welles fortgesetzt hat. Der Film – ein kommerzieller Reinfall, im Gegensatz zum schon erwähnten *Gilda*-Film – hieß *Lady from Shanghai* und ist eine zwar etwas verworrene, in Einzelheiten aber durchaus geniale Geschichte um eine Femme fatale. Niemals, weder vorher noch nachher, hat es ein Regisseur verstanden, die von Rita Hayworth ausgehende, geradezu atemraubende Wirkung so auf das äußerste zu steigern, und zwar ohne Entkleidungsszenen, ohne jeden billigen Effekt.

Natürlich hatten die Kopfschüttler recht behalten: Die Ehe Rita – Orson, die mit einem Kinde, der kleinen Rebecca, gesegnet war, mußte scheitern. Rita war damals dank *Gilda* und einiger künstlerisch mäßiger, finanziell aber sehr lukrativer Revue-Filme ein großer Star, während Orson Welles immer mehr in den Ruf kam, ein Experimentator zu sein, der die Finanzleute zugrunde richtet. Mag sein, daß man ihr in Hollywood zugeflüstert hat, sie möge ihren aufsteigenden Stern nicht in der Planetenbahn um Welles laufen lassen; mag sein, daß er auch wirklich ihr gegenüber »mentally cruel«, seelisch grausam war, wie ihm vorgeworfen wurde. Sicherlich aber verhielt es sich so, daß Welles' intellektuelle Gesellschaft, daß seine Bohème-Allüren und seine Exaltiertheit ihr einfach auf die Nerven fielen.

Sie war und ist, wie ihre Freunde vorsichtig zu verstehen geben, »a nice, simple girl«, ein nettes, einfaches Mädchen, ohne geistige Interessen, von recht begrenztem Horizont. Sehr viel von der versäumten Bildung dürfte sie wohl nicht nachgeholt haben in ihrer Ehe. Ein Genie, selbst ein Halb-Genie oder sogar ein gescheitertes Genie ist anstrengend. Wer aber möchte sich in der Ehe anstrengen, wenn von allen Seiten die Leichtigkeiten und Annehmlichkeiten locken? Die Ehe wurde geschieden.

WIR KOMMEN zur Verbindung Ritas mit Ali Khan, an die erheblich mehr Druckerschwärze verwendet wurde als an die Kommentare zum *Zauberberg*. Miß Elsa Maxwell beansprucht das Verdienst, die beiden zusammengebracht zu haben. In ihren Memoiren beschreibt sie erst den Prinzen, den sie als einen modernen Don Juan mit faustischen Zügen und einem mehr ästhetischen als physischen Interesse für Frauen darstellt, und dann die Begegnung:

»Im Sommer 1948 gab ich ein Dinner… im Palm-Beach-Casino in Cannes, zu dem ich Ali Khan einlud…, ich wußte, daß er schöne Mädchen liebte…, auch ich liebe schöne Mädchen für ›parties‹, sie sind dekorativer als Blumen und billiger. Die attraktivste der damals in meiner Reichweite befindlichen Ungebundenen war Rita Hayworth, die in Cap d'Antibes lebte und auf ihre Scheidung von Orson Welles wartete… Rita stand auf der Schwelle in einer exquisiten weißen Robe; sie war schöner anzusehen denn je, schöner als es von Gesetzes wegen erlaubt sein sollte... Ali war sofort von ihr gefangen.«

Der Rest gehört nun ganz und gar der Mythologie der Filmwochenschauen an. Man weiß von der Hochzeit in Cannes, von der Geburt des Mädchens Yasmine, bei der die Zeitschriften in einem wahren Paroxysmus der Intimitäts-enthüllungen berichteten, daß die Windeln im Privatflug-zeug aus USA nach Europa geflogen wurden, von den ersten Schwierigkeiten in der Villa »L'Horizon«, von Schei-dungsgerüchten, Versöhnungsversuchen und von der schließlich dann doch im Jahre 1951 in Reno durchgeführ-ten Trennung der »Ehe des Jahrhunderts«.

Was jenseits des Unterhaltungsromans hierüber noch zu sagen bleibt, ist dies: Es scheint, daß der Hauptgrund für Rita Hayworths Trennung von Ali Khan weniger in des letz-teren donjuaneskem Verhalten zu suchen ist, als vielmehr in der Tatsache, daß die Filmschauspielerin sich unter den Altessen, prominenten Künstlern, unter den Industriekapi-tänen und Diplomaten, mit denen der Sohn und Erbe des Ismaeliter-Gottes umzugehen pflegte, mindestens ebenso unglücklich fühlte, wie unter den diskutierenden Zech-genossen Orson Welles'.

Filmstars sind in ihrer überwiegenden Mehrzahl kleine Leute, die Erfolg hatten, geistig und gesellschaftlich an-spruchslose, im Grunde gutmütige und trotz gelegentlicher Routine-Intrigen harmlose und kameradschaftliche Men-schen. Rita Hayworth mußte also die Gesellschaft, in der sie an der Seite Ali Khans sich zu bewegen gezwungen war, als unerträglich snobistisch empfinden. Sie wußte kleine Ateliergeschichten zu erzählen: fremd und unheimlich aber war ihr jede Art von höherer gesellschaftlicher Konversation, und das Protokoll mußte ihr vollends ein Greuel sein. Schließlich darf nicht vergessen werden, daß sie die Tochter spanischer Eltern und streng katholisch ist. Die Ehe mit dem zukünftigen Haupt einer Moslem-Sekte, an dessen Seite sie, wie ihre Schwiegermutter, die Begum, zu religiösen Repräsentationspflichten gezwungen worden wäre, bedeutete zweifellos für sie eine zusätzliche psychische Belastung.

Es ist sehr bezeichnend, daß ihr vierter Gatte, Dick Haymes, ein unbekannter *crooner* (Schlagersänger), Südamerikaner und, gleich ihr, Sohn bescheidener Leute ist. Im Herbst 1953 heiratete sie ihn, der bald darauf Schwierigkeiten mit den USA-Behörden hatte, und gegen den sogar ein Deportationsbefehl lief. Mit einer geradezu leidenschaftlichen Energie, deren Ursache sicher nicht nur Liebe war, sondern wohl auch spontanes Solidaritätsgefühl mit dem gesellschaftlich nicht Anerkannten, hat sie sich für ihn eingesetzt und damit ein weiteres Stück ihrer ohnehin gefährdeten Popularität riskiert.

ES WIRD VON IHR ERZÄHLT, daß sie eine morose und eigentlich unglückliche Person sei, von der ein gewisses Malaise ausgeht. Am Ende ist es nicht unmöglich, daß sie litt unter all der Publizität, die sie entfachte und von der sie schließlich auch karrierenmäßig versengt wurde. Die Karriere brachte sie mit Menschen zusammen, denen sie nicht gewachsen war. Wahrscheinlich überstieg ihr Ruhm schließlich das Maß dessen, was einer einfachen Frau seelisch zuträglich sein kann.

BARONIN MURA BUDBERG In den zwanziger und dreißiger Jahren glaubte man zu wissen, daß Mura einen Abschluß
an der Universität von Cambridge gemacht und sechzig oder
noch mehr Werke der russischen Literatur ins Englische übersetzt hatte. Man nannte sie Gräfin Sakrewskaja, Gräfin Benckendorff oder Baronin Budberg. Es hieß, ihr Vater sei Senator und
Mitglied des Reichsrates von St. Petersburg gewesen, sie aber
habe den größten Teil ihres Lebens in London verbracht. Als
geborene Sakrewskaja wurde sie für eine Ur- oder auch Ur-
Urenkelin von Agrafena F. Sakrewskaja gehalten, der Frau
eines Moskauer Gouverneurs, für die Puschkin und Wjasemski
Gedichte geschrieben hatten. Chodassewitsch war bis zu seinem Tod überzeugt, Mura sei mit Puschkins »eherner Venus«
verwandt gewesen, und Sir Robert Bruce Lockhart nennt sie
in einem seiner letzten Bücher eine russische Aristokratin.
Das einzige Detail, das davon der Wahrheit entsprach, war der
Titel Baronin Budberg, den sie durch ihre zweite Heirat
erlangte. Allerdings ist er in Rußland nur wenigen bekannt;
dort wird sie meist unter dem Familiennamen Sakrewskaja-
Benckendorff geführt, und »Marija Ignatjewna Sakrewskaja«
ist auch Gorkis vierbändiger Roman *Das Leben des Klim
Samgin* gewidmet. Von dem Namen Budberg hat sie sich zwar
bis zu ihrem Tode nicht getrennt, von Baron Budberg allerdings bereits am Tage nach der Eheschließung.

Von 1915 an verbindet sie eine leidenschaftliche Liebesaffäre mit dem englischen Diplomaten und Geheimagenten Sir Bruce Lockhart. 1918 wird das Paar durch die Tscheka verhaftet, zu deren Vizepräsident Peters Mura gleichfalls eine Liebesbeziehung unterhält. Lockhart wird im Tausch gegen Litwinow freigelassen und nach England zurückgeschickt. 1919 beginnt Mura für Maxim Gorki als Sekretärin und Übersetzerin zu arbeiten und verbringt die zwölf Jahre von Gorkis Emigration von 1921 bis 1933 im wesentlichen an seiner Seite. Als Gorki dann wieder nach Rußland zurückkehrt, bleibt sie bei dem englischen Schriftsteller H.G. Wells, dessen Geliebte sie schon seit langer Zeit ist, und führt mit ihm bis zu dessen Tod im Jahre 1946 eine Ehe ohne Trauschein. Bereits in den dreißiger Jahren war sie britische Staatsbürgerin geworden. Die wenigen Menschen, die in den fünfziger und sechziger Jahren noch mit ihr verkehrten, erinnern sich vor allem daran, daß Mura unglaubliche Mengen essen und Alkohol trinken konnte. Im Herbst 1974 zieht sie nach Italien um, am 2. November erscheinen in der Londoner *Times* Todesanzeige und Nachruf.

ISADORA DUNCAN Als die gerade Geborene wild mit den Armen und Beinen zappelt, meint die Mutter, daß das vierte ihrer Kinder wahnsinnig sei, und schiebt den Bewegungsdrang auf ihren eigenen Kummer während ihrer Schwangerschaft. Die am 27. Mai 1878 geborene Dora Angela Duncan ist jedoch keineswegs wahnsinnig, sondern genialisch begabt. Ihre Leidenschaft ist der Tanz: Bereits mit acht Jahren bringt Isadora Duncan, begleitet von ihrer Mutter am Klavier, Privatschülern Walzer, Mazurka und andere Gesellschaftstänze bei. 1890 tanzt sie im Barn Theatre ihres Bruders Augustin und läßt sich im Adreßbuch San Franciscos als Tanzlehrerin führen. Einen Versuch, eine klassische Ballettausbildung zu machen, gibt sie

schnell auf. Die Übungen sind ihr zu steif, die Spitzenschuhe
behindern sie in ihrer Ausdrucksfähigkeit. Isadora Duncans
Verdienst ist es, den Tanz vom Tutu und den Spitzenschuhen
befreit zu haben. Sie hat Talent, und so bekommt sie auch
ohne Tanzausbildung 1896 ihr erstes Engagement in New
York. Ein Jahr später geht sie mit der Daly-Truppe in Amerika
und England auf Tournee. Dem folgen Tourneen und Reisen
durch Europa, Amerika und Rußland. Zunächst tritt Isadora
Duncan auf den Abendgesellschaften reicher Leute und in den
Ateliers berühmter Künstler auf (so hat sie Kontakt zu Cosima
Wagner, Ernst Haeckel, Auguste Rodin und dem englischen
Maler Burne-Jones). Ihr Tanz wird anfangs als Unterhaltung
behandelt und dementsprechend gering honoriert. Unabhän-
gig vom Jugendstil und doch in Übereinstimmung mit dessen
Philosophie entwickelt sie ihren eigenen, körperbetonten Ausdruck, indem sie auf antike Vorbilder zurückgreift. Sie wird zur
Ikone der neuen Kunstrichtung, zur Lehrerin und zur Be-
gründerin eigener Tanzschulen in Berlin, Paris und New York
und schließlich zur Vorreiterin des Typus der »selbstbestimm-
ten Frau«. Ihre Verehrer und Liebhaber (wie Edward Gordon
Craig, Eugène Paris Singer, Walter Mose Rummel oder Victor
Ilytch Seroff) heiratet sie nicht. Eine Frau kann auch ohne verheiratet zu sein Kinder bekommen, so ihr Motto. Daß ihre beiden Kinder Deirdre (geboren am 24. September 1906) und
Patrick (geboren am 4. Mai 1910) zusammen mit ihrem
Kindermädchen am 19. April 1913 in ihrem Auto in der Seine
ertrinken und ein drittes Kind ein Jahr später tot geboren wird,
ist ein Schock, den sie nie überwindet.
Man sagt, daß sie sich von dem um siebzehn Jahre jüngeren
russischen Dichter Sergej Jessenin angezogen fühlte, weil er
sie an ihren Sohn Patrick erinnerte. Sie bricht mit ihrem
Grundsatz und heiratet Jessenin am 2. Mai 1922. Ihr Eheleben

spielt sich auf Reisen ab, in Hotels, Restaurants und Kneipen, in Konzertsälen und Theatern. Isadora tanzt und agitiert, Jessenin trinkt und randaliert. Nach wenig mehr als einem Jahr turbulenten Zusammenlebens verläßt Jessenin die gemeinsame Wohnung. 1925 nimmt sich Jessenin in St. Petersburg das Leben. 1927, in Nizza, verfängt sich der lange rote Schal der Duncan in den Radspeichen eines Bugatti und bricht ihr das Genick.

GALA   Ihren Namen hat sich Gala, Muse und Ehefrau von Éluard und Dalí, selbst gegeben. Etwas Theatralisches, ja Pompöses haftet ihm an – und als Maske, Meduse und Madonna begegnet uns Gala in den Bildern, die ihre Männer von ihr entwerfen. Paul Éluard, den sie im Sanatorium kennenlernt, besingt in immer neuen Gedichten ihren verführerischen Zauber; Max Ernst, ihr zeitweiliger Geliebter, räumt ihr als einziger Frau einen Platz auf seinem berühmten Gemälde »Au rendez-vous des amis«, wo sich die surrealistischen Freunde ein Stelldichein geben, ein; und Salvador Dalí schließlich, für den sie Mann und Kind verließ, erhebt sie, sein bevorzugtes Modell, vollends in den Rang einer Göttin.

Gala selbst war bemerkenswert schweigsam, was ihre eigene Person betraf. So ist bereits das genaue Geburtsdatum von Helena Dimitriewna Diakonowa unklar (1893, 1894, 1895?), zweifelsfrei hingegen der Geburtsort: Kasan an der Wolga.

Die Begegnung mit Gala trägt für Dalí im Rückblick alle Zeichen einer Initiation, bei der ihm seine Ängste ausgetrieben wurden. 1932 läßt sich Gala von Éluard scheiden, 1933 heiraten sie und Dalí im spanischen Konsulat von Paris; 25 Jahre danach werden sie sich auch kirchlich trauen lassen.

Gala war in einer Person Ehefrau, Modell und Managerin ihres Mannes. Vor allem aber hatte er in ihr die »Schwesterseele« gefunden, wie er es selbst ausdrückt. Sie war weniger seine Muse als sein Impresario: Mutter, Schwester und Gefährtin.

Später werden sich Dalí und Gala mehr und mehr auseinanderleben. Dann wird auch die strenge Arbeitsweise, die Gala ihm aufgezwungen hatte, mehr und mehr bröckeln. 1973 macht sie Jeff Fenholt zu ihrem Liebhaber, der von sich behauptet, die »Quelle Gottes« zu sein. Neben verschwenderischen Bargeldgeschenken gibt sie ihm auch etliche von Dalís Bildern. Im Februar 1982 rutscht Gala in der Badewanne aus und bricht sich den Oberschenkelhals. An den Folgen dieser Verletzung stirbt sie am 10. Juni 1982 – laut ihres Passes im Alter von 84, wahrscheinlich aber 89 Jahren.

RITA HAYWORTH   Die Liste ihrer Ehemänner liest sich wie das *Who is Who* der internationalen High Society: Edward C. Judson, Orson Welles, Prinz Ali Khan, Dick Haymes und James Hill. Zur Ikone aber wurde die am 17. Oktober 1918 als Margarita Carmen Cansino in New York geborene Rita Hayworth in den Vierzigern durch Rollen wie die der Gilda.

Ihren ersten Auftritt als Tänzerin soll sie bereits mit acht Jahren gehabt haben. Damals tanzt sie noch zusammen mit ihren Eltern. 1932, mit vierzehn, gibt sie ihr professionelles Bühnendebüt als Tänzerin in Los Angeles. 1935 steht sie zum ersten Mal vor der Kamera. Von nun an spielt sie kleinere Rollen in B-Movies als Latino girl. Nach einem einjährigen Engagement bei Fox nimmt sie 1937 Columbia Pictures unter Vertrag. Marketing, Schminke, eine andere Haarfarbe, die Verlegung ihres Haaransatzes verwandeln die ethnische Schauspielerin mit Potential zu dem *all American girl*, das als Pinup seinen Platz in den Phantasien unzähliger Menschen hat. Durch immer größere Rollen, wie in *You Never Get Rich*, wird Rita Hayworth zum Star.

Als Person im Rampenlicht, deren Eheschließungen zu den gesellschaftlichen Highlights zählten, war Rita Hayworth nie sonderlich glücklich. Ihre Ehen scheitern alle, weil sie, wie sie einmal selbst sagt, an der Seite ihrer Ehemänner »no fun« hat. Nach der Scheidung von Ali Kahn kehrt sie wieder ganz nach Hollywood zurück, kann jedoch nicht an den Erfolg der vierziger Jahre anschließen. Ungeachtet dessen steht Rita Hayworth noch bis in die sechziger Jahre hinein vor der Kamera. Das Bild, das von ihr bleibt, ist das einer Frau, deren Image nie ihrer Persönlichkeit entsprach und der Erfolg, Reichtum und Schönheit nie das Glück brachten, das sie immer gesucht hat.

HELEN HESSEL   Helen Katharina Anita Berta Grund wurde am 30. April 1886 in Berlin geboren als fünftes und letztes Kind einer preußischen Bankiers- und Offiziersfamilie, die im sogenannten Bayerischen Viertel in Schöneberg wohnte. Sie besuchte die privilegierte Mädchenschule in Charlottenburg. Mit 16 Jahren wollte sie ihren in England lebenden Vetter Frank Strohmenger heiraten, was die Familie aber verhinderte. Mit 18 Jahren begann sie eine Ausbildung als Malerin. Um 1906 hatte sie eine kurze Affäre mit ihrem englischen Kunstlehrer Mosson, der 30 Jahre älter war als sie. Helen war das jüngste Kind, geliebt und verwöhnt und sehr eigenwillig.
Nach Paris kommt sie 1912 mit der Absicht, Malerin zu werden. Dort trifft sie im Café du Dôme Franz Hessel. Hessel stellt ihr den Schriftsteller Henri-Pierre Roché vor, mit dem ihn seit 1906 eine enge Freundschaft verbindet. Helen wird die dritte in ihrem Bunde. 1913 heiraten Helen und Franz; sie werden zwei Kinder haben. Roché hatte Franz Hessel von der Heirat abgeraten.
Der erste Weltkrieg beendet die Leichtigkeit ihres Lebens. Als Franz von der Ostfront zurückkehrt, empfindet Helen ihn als

»erstarrten Leichnam«. 1919 bricht sie aus und verdingt sich als Feldarbeiterin; erst nach sechs Monaten kehrt sie in die Familie zurück, die mittlerweile in einem Landhaus in Hohenschäftlarn im Isartal lebt. Dort bekommen sie Besuch von Henri-Pierre Roché, und zwischen ihm und Helen entspinnt sich in der Folge ein leidenschaftliches Liebesverhältnis, über das sie beide, aber jeder für sich, Tagebuch führen.

1925 geht Helen mit den beiden Söhnen wieder nach Paris; als Modekorrespondentin der *Frankfurter Zeitung* sorgt sie für ihren Unterhalt. 1938 gelingt es ihr, Franz aus Deutschland über Holland erst nach Paris und später in die Provence zu schleusen. Am 6. Januar 1941 stirbt Franz Hessel unerwartet in Sanary-sur-Mer.

Zwischen 1947 und 1950 lebt Helen Hessel mit ihren beiden Söhnen in den Vereinigten Staaten. Dann kehrt sie wieder nach Paris zurück. Dort zieht sie zusammen mit Anne-Marie Uhde, der Schwester des 1947 gestorbenen deutschen Kunstsammlers Wilhelm Uhde, der seit 1904 in Paris lebte und der Franz und Helen Hessel aus der heroischen Zeit des Café du Dôme kannte. Die beiden Frauen leben über dreißig Jahre lang in einer kleinen Wohnung in der Villa Adrienne an der Avenue du Géneral Leclerc im 14. Pariser Arrondissement. Henri-Pierre Roché wohnt ganz in der Nähe, doch hat Helen ihn niemals wiedergesehen, auch nicht, als dessen Roman *Jules und Jim* erschien, der die Geschichte von Franz, Pierre und ihr erzählt. Gelesen hat sie ihn allerdings sofort.

1955 kauft der junge Filmemacher François Truffaut bei einem Bouquinisten am Palais Royal ein Exemplar von *Jules et Jim;* der Roman begeistert ihn sofort. Er besucht den Autor und spricht mit ihm über Pläne zu einer Verfilmung. Erst 1959 hat Truffaut das Filmprojekt gesichert. Er hat auch schon die Hauptdarstellerin gefunden, Jeanne Moreau. Roché ist von ihren Fotos begeistert und will sie kennenlernen: sie ähnele Kathe sehr! Vier Tage vor dem vereinbarten Besuch stirbt Henri-Pierre Roché im April 1959. Im Januar 1962 kommt Truffauts Film heraus, der sogleich ein großer Erfolg wird. Helen Hessel ist bei der Premiere im Saal – unerkannt.

In den fünfziger Jahren übersetzte Helen Hessel-Grund den Roman *Lolita* von Nabokov ins Deutsche. Gelegentlich machte sie sich an kleinere literarische Arbeiten, aber die Manuskripte häuften sich nur in der Schublade. 1982 ist sie dann, nach langer und qualvoller Bettlägerigkeit, im Alter von 96 Jahren gestorben.

KIKI VOM MONTPARNASSE (bürgerlich: Alice Prin) ist heute vor allem als Modell und Geliebte des Dada-Künstlers Man Ray bekannt. Als Man Ray sie kennenlernte, arbeitete sie bereits als Modell am Montparnasse und trat als Sängerin frecher und erotischer Volkslieder im Nachtclub *Le Jockey* auf. Sie war es auch, die Man Ray mit der Künstleravantgarde vom Montparnasse bekannt machte und ihn zu etlichen seiner wichtigsten und schönsten Fotos, Filme und Bilder inspirierte. Die berühmteste Fotografie Man Rays von Kiki ist *Violon d'Ingres* aus dem Jahre 1924, auf dem die turbantragende Kiki ihren ansehnlichen, entblößten Rücken inklusive dessen Verlängerung feilbietet, lediglich von zwei aufprojizierten Violinschlüsseln dekoriert, womit Man Ray die Ingres-Vorlage (Das türkische Bad) sowie Ingres' Freizeitvergnügen (Violine zu spielen) persifliert.

Kiki machte auch in Man Rays erstem Film mit, dem satirischen *Emak Bakia*, tanzte darin Charleston und beeindruckte vor allem durch ihr exzentrisches Augen-Make up: ein auf ihre Lider aufgemaltes Augenpaar, das beim Augenaufschlag langsam verschwand.

Nach der Trennung von Man Ray (1931) war Kiki mit dem Journalisten und Karikaturisten Henri Broca liiert, der ihre Memoiren mit Reproduktionen ihrer Bilder in Frankreich herausbrachte. Das Buch sollte ebenfalls in den USA erscheinen, Ernest Hemingway hatte bereits das Vorwort verfaßt. Doch der amerikanische Zoll beschlagnahmte das Buch, es kam auf den Index.

Kiki, die aus einem kleinen französischen Dorf in Burgund stammte und zeitlebens öffentlich davon träumte, dorthin zurückzukehren, um »Schweine zu züchten«, starb am Montparnasse, kurz nach dem Ende des Zweiten Weltkriegs.

Die anderen Modelle, die in Barnes' Text erwähnt werden, Bronja und Tylia Perlmutter, kamen 1923 aus ihrem Geburtsland Polen. Sie saßen u.a. Moishe Kisling und Nils Dardel Modell. Bronja spielte in Francis Picabias *Cinesketch* (Uraufführung: 31.12.1924) die Eva, Marcel Duchamp den Adam. Bronja heiratete kurz darauf den französischen Filmregisseur René Clair.

MATA HARI bedeutet auf malaiisch »Auge der Morgenröte«, und so lautete der Künstlername von Margaretha Gertrude Zelle, die am 7. August 1876 im holländischen Leeuwarden geboren wurde. Weder die Tochter einer indischen Prinzessin, als die sie sich später ausgab, noch die illegitime Tochter des Prinzen von Wales, war ihr Vater vielmehr ein holländischer Hutmacher, der über seine Verhältnisse lebte und schließlich Bankrott ging. Um den finanziellen Nöten zu entgehen, heiratete sie 1895 den zwanzig Jahre älteren Offizier John Rudolf Macleod, den sie durch eine Annonce kennengelernt hatte, und folgte ihm nach Java. 1902 wurde die Ehe geschieden, sie legte sich einen neuen Namen sowie eine neue Lebensgeschichte zu und ging nach Paris, wo sie (angeblich authentische, in Wirklichkeit der eigenen Phantasie entsprungene) indische Tempeltänze vorführte, in deren Verlauf sie sich nahezu vollständig entkleidete. Die Auftritte fanden meist vor ausgewähltem Publikum im Rahmen privater Feste in den Pariser Salons statt. Eine Zeitlang wurde Mata Hari zur gefeierten Modeerscheinung mit vielen einflußreichen Freunden und Affären. Allerdings verstand sie sich trotz einiger internationaler Auftritte z.B. in Wien und Berlin nicht darauf, ihre Karriere gezielt aufzubauen; nur wenige Jahre später fand ihr Tanzstil trotz ihrer anhaltenden Berühmtheit nur noch wenig Anklang, und sie sah sich gezwungen, ihren Lebensunterhalt u.a. als Prostituierte zu verdienen.

Hartnäckig hält sich bis heute die Legende, sie sei während des Ersten Weltkrieges eine Meisterspionin sowohl für die Franzosen als auch für die Deutschen gewesen und hätte Scharen von Offizieren in ihr Bett gelockt, wo sie ihnen bedeutende Militärgeheimnisse entlockte. In Wirklichkeit wurde sie wahrscheinlich das Opfer ihrer eigenen Ausschmückungen und der allgemeinen Kriegshysterie, denn ihre Spionagetätigkeit scheint nur inoffiziell gewesen und zudem recht ineffektiv verlaufen zu sein. Dennoch wurde sie in Paris verhaftet, der pro-deutschen Spionage für schuldig befunden und am 15. Oktober 1917 um 6.15 Uhr standrechtlich erschossen. An ihrem bis in unsere Tage währenden Kultstatus hat auch Greta Garbo ihren Anteil, die sie in einem 1931 in Hollywood gedrehten Film verkörperte.

JUNE MILLER   June Edith Smith, die sich auch June Mansfield nannte, wurde am 28. Januar 1902 geboren. 1923 lernt Henry Miller sie in einem der großen Tanzpaläste am Broadway kennen; sie ist dort als Taxigirl beschäftigt. Alfred Perlès schildert June aus persönlicher Bekanntschaft als den

Typus der Femme fatale. Sie sei schön, temperamentvoll und exzentrisch gewesen. Sie habe Henry die Qualen der Hölle bereitet, und er sei masochistisch genug gewesen, das zu genießen. Von den *Wendekreis*-Romanen – *Wendekreis des Krebses* ist ihr gewidmet: »For Her« – bis in die Spätwerke beschäftigt ihn diese Frau, die er meist Mona, manchmal auch Mara nennt, und deren persönliches Bild eine ganze Ahnenreihe von Imagines des Weiblichen bei ihm in Bewegung setzt. Im Jahr nach der Bekanntschaft, 1924, läßt Henry Miller sich von seiner ersten Frau scheiden; June und er heiraten noch im selben Jahr. Mit dem Geld, das sie ihren teilweise finanzstarken »Freiern« aus der Tasche zieht, bestreitet Henry, der bis dato noch kein Buch veröffentlicht hat, sein Leben der poetischen Selbstverwirklichung. June ist es auch, die Henry einen Eigendruck seiner Prosagedichte ermöglicht; von Haus zu Haus sowie an die Gäste ihr bekannter Restaurants und Kabaretts verkauft sie die Blätter, deren Mehrzahl ihre Signatur trägt.

June und Henry leben in Greenwich Village, dem Quartier Latin von New York im südlichen Teil von Manhattan. Dort eröffnen sie mit Geld von June und Henrys Mutter 1927 ein Nachtlokal mit Alkoholausschank, was im Amerika unter der Prohibition gesetzwidrig ist. Schon nach kurzer Zeit werden Gläubiger, Rechtsanwälte und Polizeibeamte vorstellig. Henry entzieht sich den Unannehmlichkeiten durch eine Tramptour in den Süden, June muß vor Gericht erscheinen. Nach diesem finanziellen Desaster bleibt ihnen nichts übrig, als die gemeinsame Wohnung aufzugeben und wieder zu den Eltern zu ziehen.

1928 reist June mit Henry für ein Jahr nach Paris. Die Reisekasse bestreitet sie – mit ihren Einnahmen als Taxigirl. Henry Miller wird 1930 allein nach Paris zurückkehren und

endlich wird ihm der Durchbruch als Schriftsteller gelingen. 1933 sehen er und June sich zum letzten Mal: »June kam aus New York angereist, unerwartet und zu ihrer Reise wahrscheinlich von Anaïs Nin inspiriert, die sich von dem Besuch eine positive Wirkung auf Henry versprach. Er hatte wie ein Pferd gearbeitet, jetzt sollte er es gut haben und mit seiner Frau zusammen sein. Jedoch, mit June kehrten auch die Delirien der Vergangenheit zurück. Die stillen Tage von Clichy gingen zu Ende. Junes unaufhörliches Disputieren verwandelt die Wohnung in ein Narrenhaus. Perlès bezeichnet Junes Ausstrahlung als die einer permanenten Vergiftung, ›als ob sie Drogen nähme‹. Es zeigte sich, daß Henry trotz der langen Trennung noch immer sexuell abhängig von dieser Frau war. ›Anfangs hatten Henry und sie eine Phase der Leidenschaft. Sie verließen ihr Zimmer nicht, sogar die Mahlzeiten nahmen sie dort ein. Sie benahmen sich wie ein Paar verrückt gewordener Liebesvögel‹ (Perlès). Dann kamen die Strindberg-Szenen: ›June und Henry verwickelten sich in einen mörderischen Streit. Sie wollten sich gegenseitig verwunden, erniedrigen, verschlingen und totschlagen.‹ Schließlich kamen sie überein, sich zu trennen.« (Walter Schmiele)
1934 wurde die Ehe in Mexiko geschieden. Die Ehegatten ließen sich vor Gericht notariell vertreten.

ANAÏS NIN Geboren wurde die extrovertierte Schriftstellerin der amerikanischen Avantgarde und Muse Henry Millers am 21. Februar 1903 in Neuilly bei Paris. Das Mädchen mit den großen blauen Augen vergöttert den Vater, Joaquin Nin, einen spanischen Musiker und Komponisten, und begleitet ihn auf seinen Tourneen »in alle Welt«. Sie erlebt einen ersten Schock, als der Vater sich von der Mutter trennt, und gibt sich selbst die Schuld am Zerwürfnis der Eltern. Da die Möglichkeiten, als Frau für den Unterhalt einer Familie zu sorgen, in Europa begrenzt sind, zieht die Mutter mit den Kindern nach Amerika. Anaïs ist zu diesem Zeitpunkt dreizehn Jahre alt und beginnt schon jetzt ein Tagebuch zu schreiben. Mit fünfzehn rebelliert Anaïs Nin gegen die amerikanische Schule. Sie zieht es vor, sich ihre Bildung autodidaktisch in Bibliotheken anzueignen und mit für den Unterhalt der Familie zu sorgen.

Mit zwanzig Jahren heiratet sie Hugh Guiler und läßt sich mit ihm in Louveciennes bei Paris nieder. Über die Ehe mit ihm, die später geschieden wurde, erfährt man im Tagebuch wenig. Es ist der Teil in Anaïs Nins Leben, der wirklich privat geblieben ist. Nicht privat hingegen blieb ihre Beziehung zu Henry Miller und dessen Frau June. Miller und Anaïs Nin begegnen sich 1931. Für Henry Miller war sie Ratgeberin, Mäzenin und Muse zugleich. Um sich selbst als Schriftstellerin zu vervollkommnen, beschäftigt sich Anaïs Nin mit der Psychoanalyse. So lernt sie Otto Rank, einen Schüler Freuds, kennen und wird 1935 schließlich dessen Assistentin. 1936 kehrt sie nach Paris zurück und lebt auf einem Hausboot auf der Seine, bis der Krieg sie zur Rückkehr nach New York zwingt.

Wie zuvor schon in Paris, wird auch ihr Heim in Greenwich Village zum Mittelpunkt der Kunstszene. Namhafte Künstler und Schriftsteller, wie etwa Salvador Dalí, Kay Boyle, Max Ernst, Robert Duncan, Yves Tanguy oder Tennesse Williams, und alte Freunde, wie Gonzalo und Miller, gehen bei ihr ein und aus. In der Anfangszeit in New York druckt Anaïs Nin ihre Bücher selbst. Obwohl sie bereits *D.H. Lawrence – An Unprofessional Study* erfolgreich veröffentlicht hat, will sich kein Verleger für *The Winter of Artifice* (1939), *Under a Glass Bell* (1944) und *This Hunger* (1945) finden. Erst für *Ladders of Fire* (1946) findet sie einen Verlag. Dem Roman folgen 1947

Children of the Albatros, *The Four Chambered Heart*, *Spy in the House of Love* (1954) und *Solar Barque* (1955). 1966 erscheinen die ersten Auszüge aus den insgesamt 150 Tagebüchern der Anaïs Nin, die sehr bald als die wichtigste »Confessio« unseres Jahrhunderts gehandelt werden und die Autorin zur Kultfrau machten. Über ihren Charakter als Zeitdokument hinaus sind *Die Tagebücher der Anaïs Nin* das Selbstporträt einer romantischen Träumerin, die sich in allen ihren Rollen selbst bespiegelt und dabei zeit ihres Lebens »sensibel für jede Form der Liebe« blieb.

Anaïs Nin starb am 14. Januar 1977 in Los Angeles.

CORA PEARL   Sie war nicht die schönste, wohl aber die fatalste der Pariser Kurtisanen ihrer Zeit. Eliza Emma Crouch wird als die Tochter des englischen Musikers Frederic Crouch 1835 geboren. Der Vater läßt seine Tochter in einem französischen Konvent in Boulogne erziehen. Nach ihrer Ausbildung kehrt die junge Frau nach England zurück, um bei einer Tante in London zu wohnen. Man erwartet von ihr ein der Mittelschicht angemessenes Leben. Doch sie will zum Theater. Auf einem ihrer Theaterbesuche lernt sie ihren ersten »Liebhaber« kennen. Das Honorar, das er ihr auf dem Nachtisch läßt, nutzt sie, um sich ein eigenes Zimmer zu mieten. Fortan tingelt sie durch einschlägige Etablissements. Sie ändert ihren Namen in Cora Pearl und wird die Geliebte des Theateragenten Robert Bignell. Wie ihren ersten Liebhaber nutzt sie auch ihn als Sprungbrett: Nachdem er sie mit nach Paris genommen hat, setzt sie sich ab und sucht sich ihre Auftritte in der Pariser Schaubühnenszene. Ihre Ausstrahlung macht sie zur gefragten Frau. Von ihren Liebhabern – später zählen dazu der Duc de Rivoli, der Duc de Morny, Prinz Napoleon und Alexander Duval, der sich für sie fast umgebracht hätte –

läßt sie sich zunächst Schmuck und Kleider, dann Häuser, Pferde und Kutschen kaufen. Ihre Verschwendungssucht kennt keine Grenzen und ruiniert mehrere große Vermögen. Nach 1870 hingegen geht es mit ihrer Karriere und ihrem Leben bergab. Der Selbstmordversuch Alexander Duvals auf der Türschwelle ihres Hauses verursacht einen Skandal, der das Image der Diva anhaltend schädigt. Der Untergang des Kaiserreiches schließlich läßt den Kreis der Verehrer, die willens sind, ihre Spielschulden und ihren Lebenswandel zu zahlen, weiter schrumpfen. So verkauft Cora Pearl nach und nach alles, was sie besitzt. Sie stirbt verarmt am 8. Juli 1886. Ein Unbekannter finanziert ihr Begräbnis.

LIDIJA ZINOVJEVA-ANNIBAL   1866 in der russischen Provinz geboren – das genaue Datum ist nicht bekannt –, entstammt sie väterlicherseits einem serbischen Fürstengeschlecht; ihre Mutter war eine geborene Baronesse Vejmarn. Sowohl vom Gymnasium in St. Petersburg als auch von der Diakonissenschule in Deutschland wird die rebellische Schülerin verwiesen. Lidija ist siebzehn Jahre alt, als die Eltern für sie den jungen Historiker Konstantin Semjonowitsch Schvarsalon als Hauslehrer engagieren. Doch die Wahl der Eltern erweist sich als fatal: Lidija verliebt sich in ihren Lehrer, der seiner jungen Schülerin flammende Reden von einer besseren Zukunft für alle Menschen hält, und erpreßt von ihren Eltern die Zustimmung zur Heirat. Erst nach einigen Jahren erkennt Lidija, daß ihr einstiger Lehrer sie in allem betrogen hat; mittlerweile Mutter dreier Kinder, verläßt sie ihren Ehemann und reist in der Hoffnung, zu sich zu finden, in die Schweiz und nach Italien.

Im Sommer 1893 lernt Lidija in Rom den Philosophen Vjatscheslav Ivanov kennen; die beiden verlieben sich leidenschaftlich ineinander. Der Scheidungsprozeß von Konstantin Schvarsalon zieht sich über mehrere Jahre hin; 1900 heiratet Lidija Vjatscheslav und zieht mit ihm in die Schweiz. Erst 1907 kehren sie nach St. Petersburg zurück, wo sie eine Wohnung mit einem runden Erker beziehen, die bald schon zu einem Zentrum des kulturellen Lebens von St. Petersburg wird. An den berühmt gewordenen Mittwochabenden versammelt sich hier die literarische und künstlerische Elite der Stadt.

Gemeinsam mit ihrem Ehemann begibt sie sich auf die Suche nach neuen Formen der erotischen und sexuellen Partnerschaft. Die neue, ideale Form der Liebe soll allumfassend und von jedem allzu menschlichen Egoismus frei sein. Sie experimentieren mit einer Liebe zu dritt und wählen erst einen Mann, den jungen Dichter Sergej Gorodeckij, und dann eine Frau, Margarita Woloschina, für ihre Einübung in neue erotische Gemeinschaftsformen aus. Beide Versuche mißglücken. Nach dem Scheitern des ersten Versuchs schreibt Lidija die Erzählung *Dreiunddreißig Ungeheuer*, die ohne jeden Vorbehalt die Liebe zweier Frauen zueinander beschreibt. Das Buch wurde von der Zensur zuerst nicht freigegeben und versetzte 1907, bei seinem Erscheinen, Leserschaft und Literaturkritik in helle Aufregung. In demselben Jahr stirbt Lidija plötzlich und unerwartet an Scharlach.

NACHWEISE

BARONIN MURA BUDBERG
Nina Berberova, *Baronin Mura Budberg. Abenteurerin, Doppelagentin, Femme fatale.* © 1988 Actes Sud, Arles. Deutsche Ausgabe: © Claassen Verlag, Hildesheim 1992. Aus dem Russischen von Christine Süß.

GALA DALÍ
Unda Hörner, *Die realen Frauen der Surrealisten.* © Bollmann Verlag, Mannheim 1996.

ISADORA DUNCAN
Anatoli Marienhof, *Roman ohne Lüge.* © 1986 Chuodezestvennaja literatura, Moskau. Deutsche Ausgabe: © Verlag Volk und Welt, Berlin 1992; *Roman mit Freunden.* © 1988 Chuodezestvennaja literatura, Leningrad. Deutsche Ausgabe: © Verlag Volk und Welt, Berlin 1993. Aus dem Russischen von Ilse Tschörtner bzw. Eva Rönnau.

MATA HARI
Carmen Butta, »Tänzerin, Kurtisane, Abenteuerin. Propaganda. Opfer des Krieges«, in: Baerbel Becker (Hg.), *Bad Women: Luder, Schlampen und Xanthippen*, Berlin: Elefanten Press 1989.

RITA HAYWORTH
Jean Améry, »Das ewig Weibliche: Rita Hayworth«, in: *Karrieren und Köpfe*, Zürich: Thomas Verlag 1955.

HELEN HESSEL

Barbara Ungeheuer, »Leben ist immer ein Übertreiben« – Die wahre Geschichte von ›Jules und Jim‹, in: Die Zeit, Nr. 12, 13. März 1992.

KIKI VOM MONTPARNASSE

Djuna Barnes, »Die Modelle erobern die Stadt oder: Kiki vom Montparnasse« (November 1924). © 1985 Sun & Moon Press. Deutsche Ausgabe: © Verlag Klaus Wagenbach, Berlin 1985. Aus dem Amerikanischen von Alexandra Busch und Brigitte Siebrasse.

JUNE MILLER

Anaïs Nin, *Henry, June & ich.* © 1986 by Rupert Pole. Deutsche Ausgabe: © Scherz Verlag, Bern und München. Aus dem Amerikanischen von Giesela Stege.

ANAÏS NIN

Susan Edminston, »Portrait of Anaïs Nin« (*Mademoiselle*, Oktober 1970). © 1970 The Condé Nast Publications Inc. Aus dem Amerikanischen von Ines Böhner.

CORA PEARL

Margaret Nicholas, *The World's Wickedest Women.* © 1984 by Margaret Nicholas. Aus dem Amerikanischen von Ines Böhner.

LIDIJA ZINOVJEVA-ANNIBAL

Ursula Keller, *Lidija Zinovjeva-Annibal.* © 1996 by Ursula Keller.